U0369743

再保险商业逻辑与创新

盛和泰　江生忠　编著

南开大学出版社

天　津

图书在版编目(CIP)数据

再保险商业逻辑与创新 / 盛和泰，江生忠编著.
—天津：南开大学出版社，2019.7
ISBN 978-7-310-05797-9

Ⅰ.①再… Ⅱ.①盛… ②江… Ⅲ.①再保险－研究
—中国 Ⅳ.①F842.69

中国版本图书馆 CIP 数据核字(2019)第 090106 号

南开大学出版社出版发行
出版人：刘运峰
地址：天津市南开区卫津路 94 号　　邮政编码：300071
营销部电话：(022)23508339　23500755
营销部传真：(022)23508542　　邮购部电话：(022)23502200
*
天津午阳印刷股份有限公司印刷
全国各地新华书店经销
*
2019 年 7 月第 1 版　　2019 年 7 月第 1 次印刷
230×160 毫米　16 开本　10.75 印张　2 插页　166 千字
定价：36.00 元

如遇图书印装质量问题,请与本社营销部联系调换,电话:(022)23507125

前　言

（新时代、新征程、新使命）

　　2017 年是中国再保险市场发展的一个重要里程碑。这一年，第五次全国金融工作会议以及党的十九大先后召开，特别是党的十九大报告做出了"中国特色社会主义进入新时代"的重大判断，开启了我国全面深化改革与经济社会高质量发展的新篇章。作为金融业全面深化改革的一个重要组成部分，《国务院关于加快发展现代保险服务业的若干意见》（以下简称"新国十条"）的决策部署结出了新果实，以人保再保险公司为代表的新兴民族再保险主体陆续开业运营，民族再保险主体进入多元化时代。

　　再保险是保险产业价值链的重要组成部分，在保障行业稳定发展、丰富保险产品供给、提升保险服务能力等方面发挥着重要作用。党中央、国务院以及行业监管部门高度重视再保险市场改革发展，早在保险业"十二五"规划中就提出了鼓励有条件的中资保险集团设立专业再保险主体；"新国十条"进一步明确提出，要加快发展再保险市场，增加再保险市场主体，并将再保险作为深化保险业改革发展、促进行业转型升级的一个重要领域。积极培育民族再保险主体，大力发展与加快建设再保险市场，能够有效降低我国保险业发展对外资和国际市场的依存度，有助于优化市场主体结构，维护金融保险市场安全。

　　再保险业的发展水平是衡量一国保险行业国际地位与市场安全的重要标准之一。从全球看，英国、德国、美国等传统保险强国都有发达的再保险市场，主体多、规模大、技术领先，并对全球保险市场发展发挥着重要影响。近年来，我国保险市场发展迅速，直保市场规模超越 3.6 万亿元，新的产品与新的风险保障需求不断涌现，对再保险产品及服务提出了更高要求。由于历史原因，我国再保险市场建设滞后，供给能力弱，需求水平低，再保险商业模式与核心竞争力弱，专业再保险价值创造能力低，每年超过 200 亿元分出保费直接流向国际再保险市场，而从国际市场分入保费不足分出规模的 1/5。这在一定程度上制约了保险行业信息安全和国际地位的提升，也难以充分发挥再保险对保险市场宏观管理"调控器"和"稳定器"作用。

以党的十九大胜利召开为标志，中国再保险市场建设进入了新时代，开启了新征程，肩负着新使命。

新时代——中国经济有望维持中高速、高质量增长，为中国保险及再保险行业发展提供了坚实基础。在增速方面，中国未来潜在 GDP 增速在较长时间内具备保持 5%～7%的增长条件，在全球经济体中仍然处于较高增速。在质量方面，围绕转变发展方式、优化经济结构、转换增长动力，解决我国经济不平衡不充分发展的一系列战略举措的实施，将极大地促进保险及再保险市场的发展。现代金融保险发展史表明，经济越发展，社会越进步，再保险的重要性就越突出。可以说，在经济全球化的今天，再保险的功能不再仅仅停留在简单为直保公司提供保险保障，更重要的是服务经济社会发展、服务国家战略实施、服务社会治理体系。

新征程——中国经济的崛起，为我国再保险公司走向国际舞台提供了新的机遇。长期以来，国际再保险行业呈现上层固化、下层动荡的竞争格局，瑞士再保险公司、慕尼黑再保险公司、汉诺威再保险公司、法国再保险公司（分别简称为瑞再、慕再、汉再、法再）等主导国际市场，形成了"百年稳定格局"。这意味着没有新市场与新经济的崛起，再保险行业就很难孕育出打破国际竞争格局现状的新生力量。近几年，中国已发展成为全球第二大保险市场，是全球保险市场的最大增长来源，同时也是重要的再保险分出业务来源地。但是无论是中国保险业发展水平，还是再保险业发展水平，仍然处于发展的初级阶段。随着中国人均国民生产总值达到 8000美元，中国保险业正在迎来换挡、提质、增效的新一轮增长期。在未来较长时期，中国仍将位于新兴市场中对全球保险市场贡献最大的国家行列，中国再保险市场是国际再保险市场的未来"希望之光"。

新使命——高质量转型发展中经济结构、社会需求不断变革，赋予了再保险市场新的历史使命。政府职能持续转变，国家治理体系和治理能力现代化建设，将推动具有社会管理职能的责任保险、巨灾保险等业务发展。多层次社会保障体系构建,特别是居民对高质量的健康保障需求日益提升，带动健康险、养老险、医疗险等服务保障民生的业务快速增长。"一带一路"倡议的全面延伸，再保险将在保障中资企业海外利益中扮演重要角色。在新时代，责任保险、巨灾保险、健康保险、养老保险等，将成为行业提质增效、升级换挡、动力转换、服务供给侧改革的基本支撑点和立足点，再保险必将发挥重要作用。正如"新国十条"提出的要求，要"加大再保险对农业、交通、能源、化工、水利、地铁、航空航天、核电及其他国家重点项目的大型风险、特殊风险的保险保障力度。增强再保险分散自然灾害风险的能力。强化再保险对我国海外企业的支持保障功能，提升我国在全球再保险市场的定价权、话语权"。

承担使命是新一代再保险人义不容辞的责任。承担使命，就要全面融入国家治理体系现代化建设，就要全面服务于新时代主要矛盾的解决，就要树立全局观念和全球视野，遵循再保险商业模式规律，全面推进创新驱动战略，切实发挥后发优势，推动我国再保险行业走向高质量发展道路。

本书尝试从全球化的视角重新审视中国的再保险行业，对再保险机制进行重新认识，探究再保险商业模式，进行结构性分析与比较借鉴，以期对我国再保险市场的改革发展有所启迪、有所贡献。

作者

2019 年 1 月

目　录

1 再保险的功能与商业特征

对大多数人来说，再保险行业是比较陌生甚至神秘的。相对于直接保险公司面对千家万户，再保险行业是一个以服务保险公司为主的小众行业。只有在发生"9·11"恐怖袭击、"8·12"天津港爆炸案、"3·11"东日本大地震、卡特里娜飓风等巨大灾难的时候，再保险公司的身影才会更多地见诸报端。事实上，全球范围内的每一次巨大灾难或灾害事故，巨额赔付与灾害重建的大部分保险赔款往往来自再保险公司。可以说，再保险在保障保险行业稳健发展、保障社会安宁稳定、保障群众美好生活中发挥日益重要的作用，是保险业承担社会责任的幕后英雄。

1.1 再保险行业发展历史

再保险是金融体系的重要组成部分，也是现代经济与社会发展的重要助推器和稳定器，是市场化防范风险机制的最后一道保障。再保险行业与经济社会发展、保险市场需求变化密切相关，再保险行业的发展历史反映了过去七百多年工业与商业的发展历程，再保险每次发展都与创新密不可分，再保险行业的发展史就是一部风险管理、风险保障模式的创新史。

再保险起源于 14 世纪左右的海上保险，共同保险是再保险发展的萌芽。随着新航路的开发迎来了大航海时代，海上贸易和航运业有了较大的发展，海上保险的风险责任越来越大，客观上保险人有了分保需求。1370年，一位意大利海上保险人古斯塔夫·克鲁伊格（Gustav Crueiger）首次签发了一份转嫁风险责任的保单，保单承保的全程是意大利热那亚至荷兰斯卢丝间的海上保险。原保险人将从加的兹到斯卢丝这段最有风险航程的责任分保出去，而将经由地中海这一段较为安全航程的责任全部自留，该风险转移保单被视作第一笔再保险。在那个时代，保险完全由保险人独自承保，没有专业保险公司。保险人完全依赖个人对风险的经验判断，没有统计、费率或者灾害概率估算。为了避免保险人自身承担过高的风险敞口，保险人在遇到保额较大、无法独自承保的情况下，通常采用共同保险的方式，通过建立风险池来分散风险，共同降低保险经营的风险敞口。

受限于信息保护等因素，共担风险逐步演进到转移风险，再保险这种商业形态正式出现。由于共同保险的保险人之间存在相互竞争关系，采用共同保险就需要将具有商业价值的敏感信息提供给竞争对手，这是保险人所不愿意的，随着保险业务规模的扩大，共同保险模式难以满足客户的需求。初期的再保险服务并不系统，主要以临时再保险安排为主，即由一个保险人先承接全部业务，再将超出自身承保能力的部分分给其他保险人，临时再保险比共同保险在分散风险、保护信息方面更具优势，至今仍被作为一种重要的再保险业务模式，特别是在重大项目和创新性产品的风险保障中，依然发挥着举足轻重的作用。

灾难反思促进了再保险市场的发展，17 世纪中叶再保险交易中心应运而生。1666 年的伦敦大火（Great Fire of London）导致伦敦 1/6 的建筑被损毁。对灾害的反思使火灾保险深入人心，对于在更广范围内分散风险的再保险需求随之增加。伦敦作为当时的国际贸易中心，贸易、金融、航运和保险业都具有较好的基础，于是最早的再保险交易中心逐步在伦敦形成。17 世纪，劳埃德咖啡馆（日后的劳合社）和英国皇家保险交易所都开始经营再保险业务，再保险交易中心推进了再保险业的发展。

随着经济社会发展对保险风险保障需求的持续增加，现代保险业进入快速发展阶段。临分再保险方式的随机性强、成本高、风险转移效率低等弊端开始显现，无法满足保险业务日益发展的需要。18 世纪后期，合约再保险逐步取代临分再保险，成为主流的再保险业务模式。合约再保险由分保双方事先签订分保合同，约定相关的费率、条款、期限等内容，采用定期结算盈亏的方式，使得双方建立起长期稳定的合作关系。最初的合约分保都是比例合同形式，1813 年纽约鹰星火灾保险公司（Eagle Fire Insurance Company）与联合保险公司（Union Insurance Company）签订了最早的比例再保险合同。

到了 19 世纪中叶，保险业进入专业化经营时代，专业化分工推动了专业再保险公司的设立与发展。再保险业务开始时是在当地经营直接业务的保险人之间进行的，随着再保险的发展，对专业化经营的要求不断提升，特别是当时合同分保分出人需要向接受人提供较详细的清单，手续烦琐，不利于再保险业务的发展。巨灾重损促进了专业再保险公司的出现，1842年汉堡市发生毁灭性的大火灾，当地保险公司风险准备金严重不足，需要通过专业再保险公司来分散风险。第一家专业再保险公司——科隆再保险公司（Cologne Reinsurance Company）正是在这样的背景下成立的。在随后的几十年间，多家专业再保险公司建立起来，1863年在瑞士成立了瑞士再保险公司（Swiss Reinsurance Company），1880年在德国成立了慕尼黑再保险公司（Munich Reinsurance Company）。专业再保险公司对促进再保险业的发展发挥了重要的推动作用。一个高效的全球化再保险市场逐步发展起来。

19世纪后期特别是进入20世纪以来，巨灾风险的增加推动了超赔合约这种新型再保险方式的发展。随着工业发展和科技进步，使得巨灾风险带来的巨额损失不断增加，传统比例再保险难以应对巨灾管理的挑战。巨灾损失的特征是典型的低频巨损，灾害涉及面广、损害程度深，如地震、洪水、飓风等。为解决巨灾风险和巨额损失难题，1885年前后，劳合社的希思（Heath）第一次提出超额赔款分保理念，由于这种赔款分保方式对巨灾损失的保障作用显著，手续也比较简单，这种分保方式得到了迅速发展。超赔分保又称为非比例分保，现已成为发达国家保险业管理巨灾风险普遍采用的一种再保险方法。超赔再保险需要对保险公司转移的巨灾风险或尾部风险进行重新定价，技术含量高、定价复杂，也是最能体现再保险巨灾风险管理功能的分保方式，是再保险这种商业模式在保险产业链上独特价值和定位的典型体现。目前，在欧美发达国家，这种再保险安排方式已成为主要方式。

第二次世界大战以后，全球经济快速增长成为现代再保险快速发展的重要因素。特别是21世纪以来，新兴市场逐步成为全球保险与再保险业务增长的重要新增来源，再保险市场覆盖范围进一步扩展；科学技术进步使得新兴风险不断涌现，对专业再保险的需求日益提升；经济发达地区人口高度集中，使得承保标的风险责任大幅提升，社会管理成本迅速上升，再保险也逐步成为政府部门管理巨灾风险的重要手段；金融工程广泛渗透再保险行业，保险连接债券（ILS）等金融创新进一步放大了再保险风险分散机制，为再保险行业提供了更为充足的承保能力。今天，全球再保险行业高度发达，全球大约有二百多家公司提供再保险服务，其中专业再保险公司处于重要地位。德国、美国、瑞士是三个再保险公司主要聚集地，百慕大和伦敦也是再保险公司云集的区域。2017年，全球再保险行业保费规模约为3570亿美元，再保险行业资本6050亿美元，强大的资本基础使得再保险行业有能力承担全球最大最复杂的风险。

再保险行业的每一次创新和发展都与经济社会进步密切相关，是主动适应经济社会以及保险行业风险保障需求的结果。再保险业务经历了从临时再保险、比例再保险、非比例（超赔）再保险、巨灾债券等创新发展的过程，再保险业务模式逐步多元化，保障范围和深度更加全面。再保险参与主体逐步从保险人向专业再保险公司演进，逐步产生了专业再保险公司、再保险集团、地区性再保险组织、国际再保险中心和国际再保险市场，市场主体及层次更加丰富。再保险范围从国内同业间业务向国际化方向发展，离岸交易与国际化成为再保险的一个重要特征。展望未来，新兴市场正在快速崛起，新技术的广泛应用带来的新的风险不断涌现，再保险发展的需求将不断演进和提升，金融工程创新的深入将使得再保险形式更加多样。

1.2　再保险机制运作原理

再保险（reinsurance）是保险人通过签订分保合同，将其所承担的风险责任全部或部分地转移给其他保险人进行保险的行为，又称"保险人的保险"。再保险为保险公司提供保险保障，帮助保险公司分散保险风险、扩大承保能力、改善偿付能力，是保险市场稳健发展的重要屏障。

1.2.1　再保险的强风险分散特征

巨灾是保险行业稳健经营的大敌，发生一次巨灾事件会带来巨额赔付，保险公司会面临因风险准备金不足而破产的风险。如果没有再保险机制，单个直保公司为抵御巨灾发生后的峰值赔付，必须时刻准备充裕的资本金，即使巨灾事件发生概率很低，也必须如此。很显然，这样的做法既不经济也不划算。进一步演化会出现两种结果，一种结果是，当直保公司资金积累不足的时候，就必须通过控制风险敞口的方式来保护资本，无法承接更高的风险；另一种结果是，即使直保公司积累充裕资金足以抵御巨灾赔付冲击，由于资金成本因素的存在，会使得保险价格过高而失去购买的实际价值。无论上述哪种情形，保险市场最终会面临萎缩。可见，再保险的存在不仅仅是简单地为保险公司提供保险保障，更事关保险市场的繁荣发展。

2010年智利8.8级地震造成了约300亿美元的损失，保险公司给予的赔款覆盖了损失的3/4，其中95%来自再保险市场的巨灾保障。再如，在新西兰的巨灾管理体系中，共有四层索赔支付体系，底层损失由政府部门承担（2亿新元以内）；第二层损失（2亿新元至7.5亿新元）由再保险人承担40%；第三层损失（7.5亿新元至20.5亿新元）全部以超赔再保险方式安排，由再保险人承担；第四层损失（超过20.5亿新元）由巨灾基金支付后政府部门兜底。

由此可见，正是由于再保险市场的发展，使得直保公司以及政府部门可以通过再保险机制，只需要付出很小的成本，就能在全球分散风险，降低风险敞口，从而降低财政负担或有效保护商业资本，并为市场提供价格合理的保险产品以及丰富的保障。在再保险的支持下，直保公司有能力承保类似大型建筑项目、卫星航空航天项目、大型体育赛事等，有效促进经济社会的发展。

再保险的强风险分散能力源于再保险机制赋予了保险大数法则新的内涵，使保险风险跨越了风险单位限制，突破了区域限制，能够在全球更为广泛的时间和空间承接业务、分散风险。按照"不把鸡蛋放在一个篮子"的规则，再保险公司更加注重承接业务本身的自平衡性。比如，再保险公司为日本地震和佛罗里达飓风提供再保险支持，这两个巨灾风险事件完全不相关，同一时间发生的可能性微乎其微，因此同时承接这两个巨灾事件的风险组合，所需的资本要求显著低于两个单一巨灾事件的资本要求总和，由此产生了再保险的规模经济效益。可以说，再保险市场的产生和发展，极大地扩展了大数定律的运用边界，为保险风险在全球范围内、在更加多样化异质化风险标的之间统筹管理，提供了有效的机制保障。

1.2.2　再保险的运行机制

再保险的具体运作方式是,再保险公司与直保公司签署再保险合同,再保险公司收取保费,承担合同约定的直保公司的分出风险。再保险公司根据自身的风险偏好和风险容忍度做出转分安排,确保自身的风险敞口可控。在上述过程中,相关直保业务的最终被保险人是不参与再保险交易的。

再保险业务有许多不同形式和类型,有的涵盖分出公司全部业务的风险组合,有的只涉及某个单一风险,有的再保险合同按比例分担所有保费和赔付,有的再保险合同金对超过一定限额的损失进行赔付。具体分类如下:

按照分保安排方式划分,再保险分为临分再保险与合约再保险。其中,临分再保险主要针对某个单一风险。安排临分业务的时候,原保险人需要将业务具体情况、分保条件逐笔告诉再保险人,再保险人是否接受或接受多少按照自身偏好自由选择。合约再保险主要针对一揽子风险安排,原保险人和再保险人事先签订再保险合约,合约就承接的业务范围、地区范围、除外责任、分保佣金、自留额、合同限额、账单的编制与发送等各项分保条件进行了约定。在合同期内,对于约定的业务,原保险人必须按合约的条件分出,再保险人必须按合约条件接收,双方无须逐笔洽谈。合约约定的分保业务在原保险人和再保险人之间按季度自动分出分入。非寿险合约再保险一般期限是 1 年,寿险合约再保险期限较长,10 年之上的也较为普遍。合约再保险与临分再保险相比,具有业务批发的特征,更加便于直保公司合理控制整体经营的风险敞口;但是,如果保险公司产品和业务结构处于快速变革的阶段,这类新风险很难进入合约业务,多数以临分方式存在。因此,临分业务对于支持保险公司创新发展和业务结构调整具有重要意义。

按照责任限制划分,再保险分为比例再保险和非比例再保险。其中,比例再保险是以保险金额为基础,确定每一危险单位的自留额和分保额,原保险人的自留额和再保险人的接受额均按照保险金额的一定比例确定。比例再保险又可细分为成数再保险、溢额再保险等形式。成数再保险按照保险金额的一定比例作为自留额和分保额,按比例进行再保安排,不改变原保险标的的风险分布,是比较简单清晰的一种再保险分保方式。溢额再保险是先按保险金额的一定比例作为自留额,余下的金额作为分保额,危险责任平均化是溢额再保险的主要目的，再保险的保障效能高于成数再保险。非比例再保险以赔付金额为基础，确定每一危险单位的自留额和分保额。对于再保险人承担的风险而言，非比例再保险改变了原保险标的的风险分布，需要运用定价模型重新进行再保险定价，其定价方式与直保产品相似。非比例再保险主要有险位超赔再保险、事故超赔再保险、赔付率超赔再保险。险位超赔再保险以每一危险所发生的赔款来计算自负责任额和再保险责任额。事故超赔再保险以一次巨灾事故所发生赔款的总和来计算自负责任额和再保险责任额。赔付率超赔再保险是按赔款与保费的比例来确定自负责任和再保险责任的一种再保险方式。

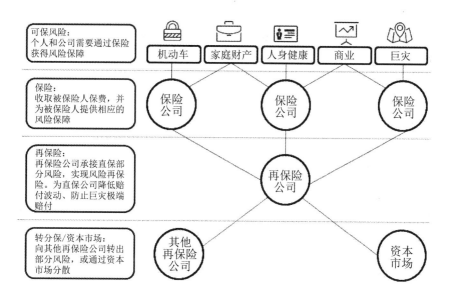

图 1.1 保险运行机制

1.3 再保险转分保安排

转分保既是再保险公司风险控制的重要手段，也是对拟承接业务进行"风险收益"组合优化、稳定承保收益的重要工具。转分保安排对于再保险公司的稳健经营至关重要。

1.3.1　再保险转分保的基本方式与功能

相对直保公司分出业务而言，总体上专业再保险公司转分保比例更低、合约组合设计更复杂、目标导向更强。从全球平均看，非寿险直保公司平均分出比例为 13%～15%，再保险公司平均转分保比例为 3%～8%。相对直保公司分出业务需求多元化，专业再保险公司更加注重在对分入业务进行二次组合基础上，通过合约条款的设定，锁定较高预期收益，优化风险收益配比。

1. 转分保的基本方式

转分保是再保险公司根据自身风险偏好，对承接的分入业务进行重新组合，在平衡自身风险收益基础上，通过付出一定的转分保费，将部分再保险责任移给其他公司的一种机制安排。

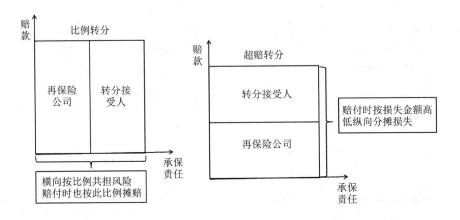

图 1.2　比例转分与超赔转分的责任划分区别

按照"责任计算方式"不同，转分保主要包括比例转分和超赔转分两种形式，主要区别在于从横向和纵向哪个维度界定转分保接受人参与风险分担和损失赔付（如图 1.2 所示）。由于责任划分方式不同，比例转分与超赔转分的定价基础存在根本性差异，比例转分保接受人的损失概率及风险分布与原承接业务分布一致，而超赔转分保接受人的损失概率及风险分布与原承接业务完全不同。因此，超赔定价与条款设计更为复杂，是最能体现再保险专业能力的领域之一。超赔转分（分出）对于巨灾重损管理具有显著成效，在发达国家保险公司（再保险公司）对外转分安排中的地位迅速上升。

从转分保的保障范围看，比例转分与超赔转分均可对再保险公司承接的各类业务提供相应风险保障。如，某国家大型再保险公司（S 公司）就对承接的全球巨灾超赔业务以及临分业务等，按照比例转分保方式进行了组合安排。

2. 转分保的功能和作用

转分保处于再保险经营价值链的后端，但其功效具有前置化的特点，是再保险经营的重要环节，对前端承接分入业务具有一定指导意义。一般而言，前端分入业务的业务质量与定价充足度越低，转分保难度越大、转分保成本越高。同时，转分保比例的高低体现了再保险公司风险容忍度差异以及吸收风险能力的强弱。一般而言，转分保比例越高，意味着再保险公司风险容忍度越小，对直保公司提供风险保障能力的外部依赖性就越强，再保险保障能力的可信度就会下降。

不同的转分保方式在功能作用上具有不同的侧重点。比例转分保主要目的是扩大承保能力、改善偿付能力、优化业务风险收益组合、促进业务合作等。例如，再保险公司针对承接直保业务安排的比例转分，通过转分实现业务二次组合，提升了自留业务经营的稳定性，并通过转分减少了自留保费总量，扩大承保能力，降低了再保险公司偿付能力压力；同时，通过转分手续费加成获得无风险收益，可以提升经营效益。超赔转分更加侧重降低风险敞口、防范巨灾损失。例如，针对承接直保业务中的单一险种或风险办理超赔转分，可以降低再保险公司的自留风险，平抑极端事件造成的经营波动。

分入业务承接环节对转分保具有重要影响。如果前端承接业务质量不佳，就比例转分而言，再保险公司或将面临要么贴费转分、要么承担过多自留风险的"两难困境"；就超赔转分而言，过高的超赔成本或将收益波动型业务演变成损益确定型业务。例如，假定某专业再保险公司承接某类业务保费收入 1 亿元，正常年景下预期承保利润为 3%（300 万元），手续费 35%，合约最大可能损失 3 亿元；对此类业务购买超赔保障，成本为 700 万元（保障损失超过 7000 万元的责任限额内部分）。则购买超赔后，正常年景下该类业务将由期望盈利 300 万元变为亏损 400 万元，当然在出现一次极端损失后，该公司的最大亏损额将锁定在 1200 万元（不考虑复效条款，1-0.35-0.07-0.7=0.12 亿元）。

从国际领先同业看，通过再保险转分保提高承保收益率、优化业务风险收益组合，已成为风险管理创造价值的重要目标之一。以某 S 公司巨灾成数转分合约为例，通过将其承保的发达国家财产险及航空险超赔业务进行重新组合后，以比例方式对外安排转分保，假定设定的价格条款为："前端展业成本+N%转分手续费"以及"X%的纯益返还手续费"。由于该业务历史赔付率波动性大，通过这样的条件设定，即使出现巨灾损失也至少将 S 公司承保亏损门槛上移了 N%，如果该业务损失较小，出现承保盈余，还能从转分接受人摊回 X%的纯益分成。通过这一安排，S 公司在成功转移相应承保风险的同时，预先获取了转分保费 N%的承保毛利润。这种方式在特险领域国际大型保险或再保险公司使用较为普遍。

1.3.2　转分保业务的成本收益分析

转分保是再保险公司防风险、增效益的重要手段之一，可以为再保险公司带来直接或间接收益。

通过转分保可以改善偿付能力。从资本有效管理看，通过转分保可以释放资本占用，减缓偿付能力压力。在保险集团内部，还可以通过转分保方式共享股东偿付能力。例如，某 T 公司通过向其母公司的大比例转分，共享母公司承保能力，在资本有限的情况下支持承保业务发展的同时，也满足了偿付能力监管要求。通过大比例向母公司或者海外总部转分保扩大承保能力，是境内外资再保险公司的通用手段，也是其在国内展业与内资再保险公司超国民待遇的一个表现。在境内再保险市场上，内资专业机构的竞争对手是各大再保险巨头的总体，而不仅仅是境内分支机构。

通过比例转分可以优化业务组合。再保险公司转分安排中，通常会将业务同质性高的险种增加自留额度，提高风险敞口较大险种转分比例，以降低其在自留业务组合中的占比，从而实现对分入业务的组合优化。以某 S 公司为例，由于在保额/赔付责任、出险规律、理赔流程等方面，责任意外险比财产保险更具有同质性和独立性，更加容易运用大数法则消化自身风险，而财产保险和特殊风险保障标的之间差异大，风险自平衡能力相对弱。因此，通过相对高的财产保险转分比例，S 公司实现了从分入业务组合到净自留业务组合的二次经营。2017年该公司企业财产险转分比例（6%）远高于责任意外险（0.65%），由于责任意外险在保费收入中占比最高，降低了整体转分比例，其总体转分比例为3.1%。

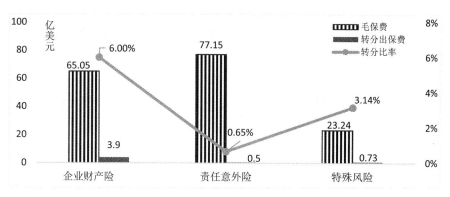

图 1.3　某 S 公司不同险类的转分保比例

转分保可以通过合约费差条款直接创造价值。转分保的直接价值创造更多通过比例转分实现，通常是在前端分入业务的展业成本基础上以转分加成费用（overriding）体现，合计成为转分保业务手续费。部分业绩波动性较大的业务，分出公司还会增加纯收益手续费条款，对转分保接受人的承保利润进行分成，从而进一步增加分出业务的利润贡献。从国际再保险市场实践看，绩优转分合约的加成费用通常为4.5～8个百分点不等，最高可以达到16个百分点，典型体现了国际领先公司通过转分安排，在保险／再保险产业价值链上的强势地位和技术优势。

比例转分也是实现资源互换、促进业务合作的重要手段。通过双向流动与对等合作的比例转分业务交换资源、平衡风险，是战略性客户拓展的有效途径。例如，某 E 再保险公司就通过一揽子转分业务，与国际具有较大影响力的多家财产险公司建立了全面再保险业务合作关系。国内一些再保险主体也曾采用比例转分合约持续巩固与国际知名再保险公司的战略合作关系，获取国际再保险分入业务。

相对转分保的价值创造，转分保成本主要体现在超赔财务成本以及比例业务的现金流投资价值上。其中，比例转分成本主要体现在转分保后的投资资产减少，进而影响资金运用的投资收益；超赔转分成本主要是购买超赔保障的价格，取决于购买超赔的层级和保障的金额。

1.4　再保险功能定位的新认识

在传统教科书中，通常将再保险的主要功能归纳为分散保险风险、扩大承保能力、改善偿付能力等。随着经济社会的不断进步，再保险已逐步从支持保险的"幕后"走向"台前"，其功能早已不再局限于为单一直保公司提供保障。再保险机制在社会公共治理、巨灾风险管理、新兴风险研究、承保数据积累、内部风险管控等诸多方面显现出独有的优势。因此，有必要对再保险的功能定位进行重新认识，以更好地发挥再保险的功能，服务好实体经济发展与国家治理体系现代化建设。

1.4.1　再保险是社会公共治理的重要工具

翻开现代历史，再保险在重大灾害事件中扮演着风险保障的重要角色。1906 年的旧金山地震，1992 年的安德鲁飓风，2001 年"9·11"恐怖袭击事件，2005 年的卡特里娜、丽塔和威尔玛飓风，2010 年的智利地震，再保险公司均为保险行业承担了相当数量的赔款。得益于再保险公司的全球化特征，通过在全球范围内分散巨灾风险，能够在减轻巨灾损失中发挥重要作用，再保险机制获得了政府和整个社会的一致认可，正在成为政府抵御巨灾风险、开展社会公共管理的重要工具。

一方面，政府部门日益重视运用再保险机制进行巨灾管理。1992 年，美国安德鲁飓风造成了 160 亿美元的损失，远远超过当时预测的最大损失，使得政府认识到巨灾的发生对人口稠密地区带来的巨大经济损失，促进了政府利用再保险机制参与巨灾管理。比如，1993 年，佛罗里达州政府设立飓风巨灾基金（FHCF），是一个由私人融资、州经营的再保险项目，每一家在佛罗里达州经营房主保险业务的保险人均被要求强制性地向巨灾基金缴纳一定的保证金，同时获得飓风巨灾基金提供的价格低廉的再保险服务。又如，2016 年英国政府和保险公司共同发起洪水再保险项目（Flood Reinsurance Project），每年从保险公司的家庭综合保险金中征收 1.8 亿英镑的保费，为洪水保险提供再保险保障。

另一方面，再保险公司依靠专业优势逐步渗透到政府公共管理中。再保险公司依靠自身定价技术优势、风险转移优势，以政府作为保障主体，探索出了巨灾创新解决方案。慕尼黑再保险、瑞士再保险等国际再保险公司已深入参与社会公共治理，在全球已探索出可行的合作模式，比如，慕尼黑再保险 2015 年与有政府背景的非洲风险能力保险公司（ARC）合作，推进干旱指数保险再保险计划，并通过干旱指数保险基金，为 2015—2016 年非洲的干旱灾害提供高达 1.92 亿美元的保险保障。在国内，国际再保险公司近年来也高度重视与政府机构合作，在黑龙江省、广东省、辽宁大连等地，创新性地使再保险这一金融工具融入政府治理。

在财政资金投入不变的情况下，"政府、保险、再保险"三方合作模式，由于保险、再保险的双重保障与财政放大效应，资金使用效率更高，风险分散效应更好，巨灾风险管理解决方案保障更全面。展望未来，再保险机制在责任险、农险、健康险等政府政策性支持险种以及巨灾管理方面与政府合作大有可为。

1.4.2　再保险是促进实体经济增长的润滑剂

保险机制在支持科技创新研发、鼓励重大投资、拓展新兴市场领域等方面发挥着正向的激励作用。离开保险保障，许多商业活动都会因风险太高而无法实现。比如，没有航空机队保险，航空公司运营就会面临巨大的风险敞口；又如，缺乏保险保障，类似三峡水电站、港珠澳大桥等大型投资项目就难以开工建设。

再保险机制在支持保险公司服务实体经济发展方面发挥着重要作用。特别是在保险公司面对高风险、高保额的大型项目时，由于资本实力有限往往无法单独承保这些风险，再保险的风险保障支持就尤为重要。比如，首台（套）重大技术装备是国内实现重大技术突破、拥有知识产权、尚未取得市场业务的装备产品。首台（套）项目具有投入多、风险高的特征，保险公司的承保意愿不高，从实践看，内资再保险公司与直保公司密切合作、共担风险，推动了首台（套）保险项目的落地与快速发展，有效支持了国家重大技术装备的发展，为"中国制造"提供了重要保障。

再保险公司分担直保公司经营的保险风险，有效降低了直保公司承保大型基建项目、科技创新研发等的风险敞口，使得直保公司有能力、有意愿服务支持实体经济发展，有效扩大了风险保障范围。可以说，再保险已成为促进实体经济增长的重要润滑剂。

1.4.3 再保险是保险行业发展的重要稳定器

从行业实践看，再保险积极为巨灾保险、责任险、航空航天保险及大型工程项目保险等大型风险、特殊风险提供保障，已经成为服务保险业乃至宏观经济稳健发展的重要"安全阀"和稳定器。

近年来，巨额风险、巨灾风险暴露快速上升。巨额风险造成的单一事故损失愈来愈大，2001 年"9·11"恐怖袭击事件造成保险损失约 252 亿美元，2014 年两起"马航"空难保险赔偿上限达 45 亿美元[①]；在国内，2013年海力士大火案引发了 9 亿美元的巨额赔付，2015 年天津港爆炸案刷新了巨额赔付金额，保险赔付金额超过 100 亿元人民币。巨灾风险造成的单一巨灾事件损失大幅上升，2011 年东日本大地震支付保险金总额超过 1 兆 2346 亿日元，远远超过 1995 年阪神大地震 785 亿日元的赔付数字；2017年北美巨灾最终保险索赔金额达到 1350 亿美元；2005 年卡特里娜飓风总共造成的保险损失更是占到了美国保险行业资本的 11.3%（见图 1.4）。

图 1.4   美国飓风保险损失占美国保险行业资本百分比

资料来源：*Sigma*，2018 年第 1 期。

面对重大保险赔付，如果单一保险公司履行全部赔偿责任或将面临严峻财务困境甚至破产风险。在经营实践中，保险公司均将再保险机制作为风险管理的重要手段，将超出自留额的部分向再保险市场进行分保，确保自身经营的风险可控。同时，通过再保险机制，将单一事故、单一巨灾的

---

① 德国安联集团表示，"马航"在安联投保了一份全面责任保单，涵盖了包括搜救支出、遇难乘客家属补偿等保险责任在内的大多数航空事故赔偿责任，每起事故的赔偿上限为 22.5 亿美元（约 139.37亿元人民币）。

风险分散到多家保险、再保险主体，甚至通过风险连接债券等再保险创新方式分散到资本市场，保险行业巨额风险和巨灾风险得到充分分散。比如，2005 年是北美巨灾频发的一年，卡特里娜、丽塔和威尔玛三个飓风对美国非寿险公司带来重大影响，再保险公司向美国直保公司支付了巨额赔付。根据瑞士再保险 *Sigma* 杂志统计，其中约 12% 的公司获得的赔付，等于或超过当年的股东权益，约 23% 的公司获得的赔付占到股东权益的 1/3 以上。再保险有效增强了直保公司面对巨灾或巨额赔付的财务稳定性。另据统计，全球最大的离岸再保险中心——百慕大再保险市场，为 2010 年智利地震承担了 38% 的赔付，在 2010 年新西兰地震中承担了 51% 的赔付，在 2011 年东日本大地震时承担了 29% 的再保险赔付。因此，再保险机制在保障社会平稳运行、抵御巨灾重损所带来的经济波动中发挥了重要作用。同时，再保险增强了保险行业整体的抗风险能力，减少了经营收益的波动性。

1.4.4 再保险是保险行业创新研发的重要发动机

与保险公司相比，再保险公司由于业务种类以及涵盖区域更为广泛，具有显著的数据信息优势。如果一家保险公司有 10 万条理赔数据，再保险公司参与 10 家保险公司再保险业务的话，就能够收集 100 万条理赔数据。再保险公司是保险行业大数据的真正掌握者，能够为保险行业产品创新研发提供有力的支持。

在传统服务支持方面，再保险公司能够协助保险公司评估承保业务风险、设计合同条款、管理赔案赔付等工作。但再保险公司的服务功能不止于此，得益于再保险公司的全球化承保数据优势，能够更加深刻理解各类保险市场和保险产品。再保险公司基于自身数据和经验，对于培育和孵化保险产品创新提供了支持，为直保公司控制创新风险提供便利。特别是在寿险市场，由于缺乏公开市场数据以及产品开发的复杂性等原因，需要再保险公司提供专门的精算支持、承保技能以及风险分担，在拓展业务的同时降低创新面临的不确定性。比如，2015 年，国内某寿险公司 T 与国际某再保险公司 M 合作开发了一款糖尿病病人疾病保险产品，再保险公司负责提供产品发生率和核保规则，直保公司负责销售，并将产品以成数分保的方式分保给再保险公司。在养老、重疾、健康、医疗以及责任等国内新兴保险领域，这种合作模式较为普遍，也体现了直保再保合作共赢的"共命运"关系。

在实践中,再保险公司以数据优势、专业优势给予保险公司定价、产品开发以及业务拓展的多方服务支持。再保险公司的数据有时与智力资本合作对保险行业的创新发展产生了重要影响,也奠定了再保险处于保险产业链行业顶端的地位。

1.4.5   再保险是保险集团内部重要的风险管理工具

大型保险集团普遍利用再保险机制统一安排内部风险管理,以实现降低集团总体经营成本、提升风险保障水平、增加业务留存、改善业务质量。

表 1.1   国际大型保险公司(集团)设立再保险平台情况

公司名称	再保险专业平台 设立情况	平台性质
安盛(AXA)	再保险集团 (Group Reinsurance)	事业部
安联(Allianz)	安联再保险公司 (Allianz Re)	事业部
忠利(Generali)	再保险公司 (Group Reinsurance)	事业部
英杰华(Aviva)	英杰华再保险公司 (Aviva Re)	子公司
曼福(Mapfre)	曼福再保险公司 (Mapfre Re)	子公司

从国际实践看,以安联、安盛、忠利、曼福为代表的欧洲保险巨头均设立不同形式的专业再保险经营单元。比如,安联集团注册了"安联再"品牌,作为集团内部再保险业务经营单元,共享安联集团标普 AA 评级以及独立的财务核算。安联再为安联集团旗下各个公司提供内部再保险安排、公开市场再保险分入业务及转分出安排。国际大型保险集团通过再保险专业平台,建立起跨集团内部单个经营主体的再保险整合机制与风险资金池,在不降低从集团整体到各直保子公司层面风险保障效果的同时,充分利用国际大型保险集团内部保险业务全球分散性和规模化优势,率先在集团内

部充分对冲。从而将那些单个经营机构无法平衡但在集团层面能够平衡的业务充分自留，降低了再保险分出规模与成本，实现了盈利在集团内部的充分留存，进而为股东创造更大价值。这种做法已经得到了资本市场的广泛认同。比如，国际某大型保险集团 A 经过内部整合后，再保险风险管理对外部市场的依存度大幅降低，整体分出规模较分散经营时期下降约 2/3，通过集团一体化专业化的再保险经营方式，有效平滑了经营绩效，提高了再保险风险管理效能。

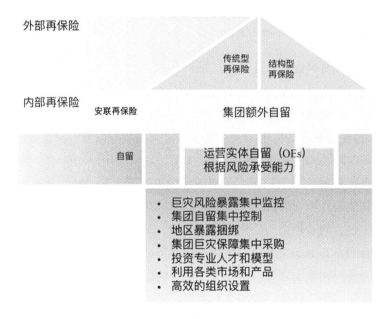

图 1.5　安联集团三层保险风险缓释机制示意图

通过保险集团内部建立的再保险整合机制，能够构建起三层风险缓释机制：第一层是直保子公司通过自身经营留存部分风险；第二层是保险集团整合子公司的分出业务，通过风险对冲、分散等方式，留存部分风险；第三层是保险集团将剩余风险向外部再保险机构进行转分，通过传统再保险市场和创新结构化资本市场来全面分散风险。

1.5　再保险的商业特征

尽管再保险与直接保险（或原保险）密不可分，但再保险业务的商业特征与直保商业特征存在显著差异。再保险市场是机构间市场，业务交易具有批发性，客户关系较为紧密，客户行为较为理性，交易双方更加注重长期利益与合作关系的维护。具体而言，再保险经营具有如下的商业特征。

1.5.1　再保险经营以合约为基础

再保险业务是以合约业务为基础，具有"批发"特征，与直保业务面临众多的分散型客户存在显著差异。双方的权利义务，要通过合约条款进行约定，合同条款的个性化较强，这与直保业务的保单具有显著差异。因此，分析再保险业务结构优劣关注的重点是合约类型以及合约条款的约定。比如，再保险公司所承接的协议合约业务，通常采用浮动手续费条款来锁定一定条件下的承保毛利润率，但锁定的毛利润率从 1%上升至 2%的时候，在其他条件不变的情况下，则协议合约业务的盈利能力提升，而与协议合约中包含的险种结构变化无关。又如，再保险公司所承接的两个再保险商业合约，其他条款不变，预付手续费条款有差异，在考虑资金现金价值与投资资产积累因素后，这两个商业合约的最终价值会出现显著差异。如果再保险市场拓展依然沿用"重费率、轻条款"的直保思维，将制约专业能力塑造与核心竞争力培育，就很难成长为一个具有广泛影响力的专业再保险公司。因此，尽管合约的费率固然重要，但合约类型、合约条款等才是经营再保险业务基业长青的关键因素之一。

1.5.2　再保险经营具有天然的国际化属性

再保险诞生于国际贸易，从其诞生之日起就具有天然的国际化特征，这也是由再保险巨灾管理功能内在决定的。正是这种国际化的属性，再保险机制是保险业务国际化的有效途径和重要工具，能够有效穿透东道国对机构监管的严格限制，通过离岸市场开展保险业务，再保险公司无须在海外设立分支机构就能承接国际再保险业务。这一点和直保公司属地管理有着显著差异。国际再保险公司业务均遍布全球，传统国际再保险巨头慕再、瑞再、汉诺威再来源于欧洲以外地区的业务分别在 67%、60%、67%以上；亚洲再保险公司中，韩国再保险公司、新加坡再保险公司、太平再保险公司等国际业务占比分别达到 13%、40%、24%，开展相当比例的国际业务有助于再保险公司利用不同国家和地区的风险差异性，在全球范围内分散业务风险，提升再保险公司业务风险组合的自平衡性。

1.5.3　再保险经营更加注重合作共赢

无论是再保直保之间，还是再保险公司之间，更加注重信息交流与合作共赢，更加注重长期合作关系的维护。通常，单一再保险公司出于自身承保能力和风险分散的考量，对于较大的合约，通常不会承接单一分出公司合约 100%的业务，再保险经营的排他性要低于直保公司。再保险行业普遍采用首席再保险人制度，即针对同一再保险标的的分出业务中有多个再保人，为高效开展再保险业务，直保公司通常与首席再保险人确定再保险合约条款、费率、手续费等重要信息，同时由首席再保险人负责再保险合同运行的后续管理，其他再保人根据确定的再保险合同条件选择参与或不参与。因此，再保险合同需要多个再保人的通力协作，这与直保公司经营的排他性有显著区别。此外，再保险市场是机构间市场，属于典型的"熟人经济"，再保险的"朋友圈"很小，良好的口碑、优质的信誉是再保险公司立足再保险市场的关键，任何失信客户的行为都会被市场惩戒，比如劳合社的运营就建立在再保险人长期合作互信的基础上。

1.5.4　再保险经营对承保利润的要求更高

在再保险交易中，再保险公司对承保风险的了解天然处于信息劣势地位。除了正常的信息损失之外，再保险人的主要信息来源渠道是分出公司的账单和业务历史数据，对风险信息的了解更多体现在统计水平上，使得再保险人进行承保决策时的信息不完备和非对称性进一步上升。同时，分出公司对再保险的需求，主要是对超过自身风险容忍度的部分进行转移，更多体现为巨灾风险或尾部风险管理，这就使得再保险公司面临的风险要显著高于直保公司。按照"风险-收益"匹配的金融产品定价原则，高风险需要以较高的收益来补偿，以便再保险公司在更广的时间维度上积累对巨灾保障的财务准备。

1.5.5　定期轧差结付是再保险结算的重要特性

在直保业务中，保费与各类费用轧差后以净额结算是被严格禁止的。但是在再保险交易惯例中，由于合约是交易的基础，通常会提前约定未来一年内起期的直保业务分保责任。因此，按照季度对双方各自保费、赔款、手续费等轧差后进行净额结算是一个行业惯例，也是再保险业务现金流的一个重要特征。一方面，再保险合约业务承接具有显著的季节性，主要集中在上半年，其中年初 1.1 合约续转窗口所签署的再保险合约业务通常能够占到全年业务的 80%，年初再保险业务承接情况在一定程度上决定了再保险公司全年的经营业绩。另一方面，再保险采用手续费预付、季度轧差结算的特殊方式，使得再保险公司经营的现金流积累具有季度特征。

1.6　再保险的盈利逻辑

再保险与直接保险经营在价值创造上具有共性，也有较大的差异。共性就在于，双方的利润均由承保收益与投资收益构成。差异在于，直保和再保的产品结构、风险定价、现金流分布状态以及投资资产积累等有着显著差别。为此，从再保险承保收益以及投资收益为出发点，对影响承保收益和投资收益的主要因素进行了分解，可以构建再保险业务价值创造全景图，并对影响再保险价值创造的主要因素和重点环节进行简要分析。

从再保险业务价值创造全景图（图 1.6）可以看出，定价充分、业务结构（重点是合约类型）、业务发展程度以及资金归集效率，是影响再保险业务价值创造能力的四个重要因素。其中，定价充分处于最基础、最核心的位置，瑞再、慕再等国际领先再保险公司始终将坚守承保利润作为经营的底线，以稳定和维护股东价值。此外，良好的经营管理，可以提升结算效率，也是提升公司价值创造能力的重要手段。

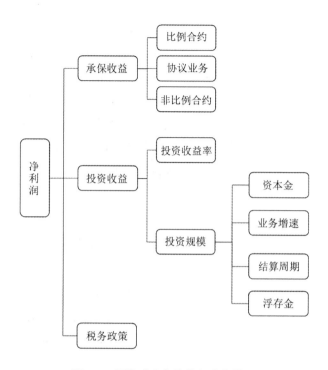

图 1.6 再保险业务价值创造全景图

1.6.1 承保

再保险业务以合约为主，不同合约类型的预期收益率有很大差异。其中，比例再保险不改变原保险合同风险分布状态，再保端风险定价随同直保端定价进行；而非比例再保险则改变原保险合同风险分布状态，再保风险保障需要再次定价。

具体而言，比例合约按照比例承接业务、分担赔付的方式是最简单的分保方式，可以看作直保业务的延伸。具体有成数分保、溢额分保等方式，协议分保可以看作一种非公开市场的比例再保险。再保人承接业务的风险分布与直保分出公司相似，加之再保人需要必要的运营成本，单纯承接比例再保险业务的利润率通常要低于分出公司。在不考虑现金流的情况下，比例再保险业务的价值创造能力较低。

协议业务是特殊的比例合约，一般不公开交易。协议业务普遍采用边际收益事先锁定，通过动态手续费进行平滑调整，并在一定期限内按照约定条款汇总调整合约成本收益。在实践中，协议业务通常与商业合约组合交易，体现了保险人与再保险人长期的合作关系。

非比例合约是设定赔款金额相关的阈值，当突破这个阈值的时候再保人才承担赔款责任，二者无比例关系。具体包括险位超赔、赔付率超赔等方式。非比例再保险赔付触发条件与原保险合同触发条件不同，保险责任的风险分布状态也不同，需要对所提供的再保险保障进行重新定价，能够更好地体现"风险-收益"相匹配原则。非比例再保险业务的利润率普遍高于比例再保险业务，是再保险公司获取高于直保公司经营利润的重要来源，比如某欧洲保险集团 G 公司 2015 年分出超赔业务的毛承保利润率约 40%。

因此，非比例再保险更加能够反映再保险公司的风险定价能力。再保险公司如果只经营比例再保险，或以比例再保险业务为主，考虑再保险公司自身经营成本，再保险公司的承保端收益一般会低于直保公司。从再保险公司实践看，某国际再保险公司 S 的非比例再保险的占比超过 30%，同期境内某公司 Z 只有不到 2%，也在一定程度上解释了二者之间承保效益的差异，S 公司过去 10 年平均综合成本率只有 92.2%，后者长期在 100% 附近徘徊。

1.6.2 投资

再保险公司主要以经营财产再保险为主，能够持续提供可靠稳定的保险资金。在经营实践中，再保险公司的保险资金积累主要取决于业务增速、赔款及手续费支付两个方面。

一方面，业务增速与保险资金积累密切相关。为分析业务发展速度对保险资金积累影响，可以通过设定场景来展示不同增速下保险资金的积累状况。假定一笔合约业务，保险责任 3 年清结关账，3 年赔付支付比例分别为 10%、50%、40%，手续费随赔款均匀摊回，首年保费为 1，年保费增速为 0，承保毛利率为 0，则年度保险资产形成分布态势如表 1.2。

表 1.2 年度保险资金形成模拟表（年保费增速为 0）

年份 保费	1	2	3	4	5	6	7	8	……
T1：1	0.1	0.5	0.4	0	0	0	0	0	0
T2：1		0.1	0.5	0.4	0	0	0	0	0
T3：1			0.1	0.5	0.4	0	0	0	0
T4：1				0.1	0.5	0.4	0	0	0
T5：1					0.1	0.5	0.4	0	0
……						……	……	……	……
累计支付	0.1	0.6	1.0	1.0	1.0	1.0	1.0	1.0	1.0
新增保险资金	0.9	0.4	0	0	0	0	0	0	0
投资资产转化率	90%	40%	0	0	0	0	0	0	0
投资资产增速	—	44%	0	0	0	0	0	0	0

如果年度保费增速为 10%，承保毛利率为 0，则年度保险资金形成分布如表 1.3。

表 1.3 年度保险资金形成模拟表（年保费增速为 10%）

年份 保费	1	2	3	4	5	6	7	8	……
T1：1	0.1	0.5	0.4	0	0	0	0	0	0
T2：1.1		0.11	0.55	0.44	0	0	0	0	0
T3：1.21			0.121	0.605	0.484	0	0	0	0
T4：1.331				0.1331	0.6655	0.5324	0	0	0
T5：1.4641					0.1464	0.7321	0.5856	0	0
……						……	……	……	……
累计支付	0.1	0.61	1.071	1.1781	1.2628				
新增保险资金	0.9	0.49	0.139	0.1529	0.1682	……	……	……	……
投资资产转化率	90%	44.5%	11.5%	11.5%	11.5%	11.5%	11.5%	……	……
投资资产增速	—	54.4%	10%	10%	10%	10%	10%	……	……

如果年度保费增速为 50%，承保毛利率为 0，则年度保险资金形成分布如表 1.4。

表 1.4　年度保险资金形成模拟表（年保费增速为 50%）

保费＼年份	1	2	3	4	5	6	7	8	......
T1:1	0.1	0.5	0.4	0	0	0	0	0	0
T2:1.5		0.15	0.75	0.6	0	0	0	0	0
T3:2.25			0.225	1.125	0.9	0	0	0	0
T4:3.375				0.3375	1.6875	1.335	0	0	0
T5:5.0625					0.5063	2.5313	2.025	0	0
......						......	......	......	......
累计支付	0.1	0.65	1.375	2.0625	3.0938	......	......		
新增保险资金	0.9	0.85	0.875	1.3125	1.9687				
投资资产转化率	90%	56.7%	38.9%	38.9%	38.9%	38.9%	38.9%		
投资资产增速	—	94.4%	50%	50%	50%	50%	50%	......	......

表 1.2、1.3、1.4 中数据显示，投资资产转化比率、投资资产形成总额及增速均和保费增速、承保毛利润率、摊回支付时间分布状态密切相关。投资资产转化率和投资资产增速都会随时间逐步下降，随着准备金提转差进入平稳状态，开业后第三、四年投资资产增速将大体回落到保费增速水平（见图 1.7）。

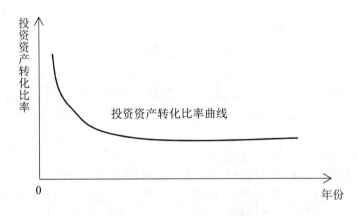

图 1.7　再保险合约业务投资资产转换比率曲线

另一方面，赔款与手续费支付分布变化影响保险资金积累。除业务增速外，对客户的赔款及手续费支付结算周期越长、尾部越厚（支付在保单周期内右偏）、承保毛利润越高，则保险资金积累效率和总规模就越高。

举例说明，如果支付分布出现左偏，即初期支付比例较大，将对投资资产转化率以及总规模构成重大不利影响。例如，比例合约比较常见的手续费首期支付，将导致合约首期对客户支付占比较大，假定三年支付比例为 4:5:1，保费增速及承保毛利率为 0，则年度投资资产形成分布如表 1.5所示。

表 1.5　年度保险资金形成模拟表（年保费增速 0，三年支付比例为 4:5:1）

保费　年份	1	2	3	4	5	6	7	8	……
T1:1	0.4	0.5	0.1	0	0	0	0	0	0
T2:1		0.4	0.5	0.1	0	0	0	0	0
T3:1			0.4	0.5	0.1	0	0	0	0
T4:1				0.4	0.5	0.1	0	0	0
T5:1					0.4	0.5	0.1	0	0
……					……	……	……	……	……
累计支付	0.4	0.9	1.0	1.0	1.0	1.0	1.0	1.0	1.0
新增保险资金	0.6	0.1	0	0	0	0	0	0	0
投资资产转化率	60%	10%	0	0	0	0	0	0	0
投资资产增速	—	16.7%	0	0	0	0	0	0	0

仅仅由于支付分布时间向前期倾斜，同等情况下首年投资资产形成比率将显著下降，投资资产形成总规模也大幅下降。假设业务场景下分别下降了 1/3 与 1/2，实际场景中下降幅度主要取决于首期（年）赔付占比及季度分布状态。

1.6.3　改善再保险公司盈利能力的途径

综合前述分析，结合再保险业务价值创造全景图，再保险公司提升价值创造和盈利能力可以从以下几个方面着手。

其一，严守承保纪律和规则，确保承接定价充分的业务，避免商业模式空心化。国际领先同业均将这一点作为保险经营的核心规则。比如，瑞再在年报中表示，"瑞士再保险维持严格的承保纪律，确保有充足费率来支持其提供的保障。"巴菲特也把严格承保纪律作为保险经营的铁律，为此美国政府雇员保险公司（GEICO）市场份额在价格竞争激烈的20世纪90年代曾连续10年累计下降了约2/3（最低至90年代中后期的1.7%），但是经过周期洗礼后目前市场份额上升到约10%，提升了5倍以上。事实上，定价越充分承保利润就越有保障，投资资产积累也就越可持续，公司可持续的价值创造力也就越强，再保险公司更应注重定价的充分性，以切实保护资本基础，避免业务质量下滑对公司可持续发展基础的侵蚀。同时，应高度关注再保险佣金水平，避免佣金失当造成的商业模式空心化，成为再保险中介机构的附庸。从全球范围看，再保险佣金水平为2.5%～10%之间，比例合约、业务质量差的合约佣金水平较低，超赔合约中介费较高。一旦中介费偏离合理水平，作为风险最终承担者的再保险公司必然面临权利义务不对等、定价不充分等一系列问题，从而沦落为保险产业链上价值分配的最底层。

其二，加强再保险市场周期变化的前瞻性判断，动态调整承保能力投放方向。再保险市场特别是国际再保险市场的周期性规律较强，一般5～7年为一个承保盈利周期。开展前瞻性的周期研究对于规避系统性风险、提升承保盈利能力至关重要。比如，某国际再保险公司S早在2016年就针对保险市场进行了充分研判，提出了"遵守承保纪律，放弃不良业务，保护资本金，等待市场反弹"等策略举措。

其三，保持业务稳定增长，维持保险资金的稳步积累。由于季度结算、轧差结算等经营特点，新设再保险公司投资资产积累红利主要集中在开业前两年，为此必须保持较快增速，以便将经营性投资资产积累稳定在一个较高水平。一旦再保险业务出现大起大落，特别是在初期阶段，将极大侵蚀开业初期投资现金流积累的红利效应，在极端情况下，年度经营活动现金流将达到0的临界值，将为再保险公司经营管理带来较大困难。

其四，加强投资管理能力，更加注重大类资产与战略资产配置。国际理论和实践经验表明，投资收益的90%以上都是由资产配置决定的，特别是对于机构投资者，资产配置的贡献要远大于时机或具体资产的选择。再保险公司要从大类资产结构优化和战略性资产配置方面着手，增强投资业务抵御市场波动能力，保持投资收益持续稳定。特别是对于以委托投资为主的再保险公司，做好资产管理人选择也是一项重要的现实举措。

1.7　再保险创新探索

创新是再保险经营的重要商业基因，再保险行业的发展史就是一部创新发展史。在新时代经济社会快速转型下，保险逐步回归风险保障本源，对中国再保险行业发展提出了新的要求，民族再保险公司应立足中国实际与现代科技发展，积极探索再保险商业模式创新，以应对不断变化的市场格局。

1.7.1　产品创新

产品创新，是指持续提供再保险创新产品，以定制化产品开发满足保险行业及市场不断增加的风险保障需求。随着直保公司和大型企业的资本和风险管理机制日趋成熟，它们往往为多条业务线或多个地区统一购买保险或再保险，采用更大交易额、更复杂的定制化解决方案，替代过去的标准化保险产品，对定制化产品的需求日趋增长。特别是直保公司越来越多地将再保险与自身的长期战略和增长计划结合，通过定制化产品同时实现包括风险分散、巨灾保障、业务规模增长、平抑盈利波动、资本结构优化等在内的一个或多个目标。根据客户实际情况，按照偿付能力、承保能力、稳定经营等目的，分别设计成数、溢额、超赔等多种对应产品，并加以嵌套组合，为客户提供量身定做一揽子再保险产品解决方案。

从国际经验看，国际领先再保险主体已将"定制化产品"作为重要的差异化竞争手段，着眼保险市场积极变化带来的长期机遇积极拓展相关业务领域，有效拓展传统业务边界，取得较好业绩和发展前景。国际某 S 公司为加强客户资源掌控，深入挖掘客户价值。一方面，提升直销业务占比，力求与客户建立更广泛的直接联系。2017 年，其财产再保险和人寿再保险直销占比分别达到 51% 和 96%。另一方面，从细分客户入手，深耕高价值客户资源。在 12 个月内，该公司与高价值客户的互动次数高达 1516 次，在通过高频互动深入了解客户需求的基础上，2010—2017 年，其定制化业务规模年复合增速达到 11%，过去三年对经济利润的贡献达到 30%。另一家 M 公司也将定制化解决方案作为重要的业务拓展手段，以有效应对市场软周期下的不利竞争局面，通过加强与客户合作，发挥专业技术优势，满足、引导客户需求，共同拓展新的业务领域，也弱化了市场周期对承保业绩的影响，提升了公司经营的稳定性。

1.7.2 融合创新

融合创新，是指把握资本市场与保险市场跨界融合趋势，积极开展非传统风险转移产品创新。风险连接债券（ILS）是金融工程在再保险领域的重要应用之一，打通了再保险市场和资本市场，利用资本市场分散再保险行业积聚的巨灾风险，已成为国际再保险资本的重要补充。

ILS 与传统再保险相比具有显著优势：ILS 是转移巨灾风险的有效工具，通过资本市场能充分分散风险，据 *Sigma* 估算，相对于全球公开发行股票和债券总市值 60 万亿美元，即使发生 2500 亿美元损失的巨灾，对全球资本市场的影响也不到 0.5%，而类似波动在证券市场每天都会发生，ILS 具有承担超级巨灾损失的能力。ILS 不受承保周期影响，面对流动性强、投资者众多的市场，ILS 发行与承保周期不相关，特别是在软周期环境下，ILS 可以有效替代传统再保险，比如，2011 年、2017 年两个巨灾年份传统保险资本增速分别为-4.26%、0.39%，同期另类资本增速分别为 16.67%、9.88%。ILS 具有更高信用质量，ILS 的特殊项目主体（SPV）设计机制能够很好地避免信用风险，通过 SPV 将再保险的信用风险转变为投资证券的投资风险，对原保险人来说，评级较高的证券的投资风险要小于传统再保险人的信用风险。ILS 可以保护商业机密，ILS 只有现金流转移和相关权利及义务的产生，投资者并不知道原保险人的内部信息，比较利于原保险人保守商业机密。同时，ILS 与传统保险相比也存在基差风险高、流动性风险高、发行成本高、政策监管障碍等缺陷，需要在发展中不断完善（见表1.6）。

表 1.6　ILS 与传统再保险的优劣分析

科目	ILS	传统再保险
承保风险	可保与不可保风险	可保风险
风险规避主体	发行人/发起人	分出公司/原保险人
风险承担者	投资者	分入公司/再保险人

科目	ILS	传统再保险
风险转移市场	资本市场	保险市场
风险承担能力	强	较弱
运作形式与结构	较复杂	较简单
保险条款与费率的灵活性	较灵活	固定
价格与成本	可能较高	相对较低
基差风险	有	无
信用风险	较小	较大
道德风险	可能有	有
产品性质	衍生工具	再保险合同
流动性	较强	较弱
受保险周期的影响程度	小	很大

如图1.8、图1.9所示，近10年，相对于传统保险资本而言，以ILS为代表的另类资本保持快速增长势头，另类资本从2008年的190亿美元增长到2017年的890亿美元，年均复合增速18.72%，较同期传统资本年均复合增速高13.3个百分点。2018年以来，ILS已经消化了2017年亏损事件的影响，预计未来将保持快速增长的势头。国内ILS发展相对滞后，在融合创新领域，再保险未来有很大的发展空间。

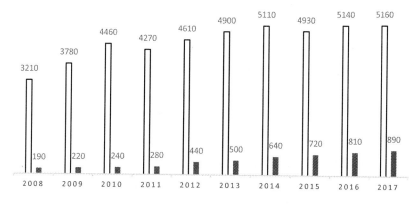

图1.8 2008—2017年传统/另类资本规模（亿美元）

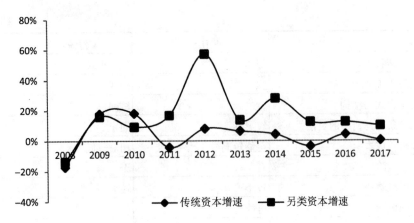

图 1.9   2008—2017 年传统/另类资本增速

1.7.3   服务创新

服务创新，是指在再保险企业传统的风险保障服务之外，深度结合再保险业务管理实践，更加注重整体风险解决方案。客户对风险保障需求随着时代变化发生重大转变，对保险保障的深度、广度都提出了更高要求。面对客户需求的变化，国际再保险公司更加倾向于提供整体风险解决方案，构建新型再保险商业模式。当前的一些新趋势包括：

（1）基于整体保障的风险解决方案。整体风险解决方案迎合了企业的发展需要，综合考虑企业经营的多重风险以及内在各类风险的相互关系，更好地契合保险购买方特定风险转移需求，相比单一保险产品，整体风险解决方案能够以更低的成本提供全方位的风险保障。比如，上海迪士尼项目整体保险保障方案累计保额高达 1400 亿元人民币，保费 1 亿元左右，包含了从施工建设到开园运营全流程的风险保障，其保险方案设计、费率定价、风险分担均由国际主要再保险公司提供。

（2）基于指数的参数化解决方案。指数保险具有责任清晰的优点，阈值触发判定简单且可信度高。依靠相关指数触发保险理赔，能有效提升保险服务的清晰度和中立性，降低逆向选择和道德风险，同时在满足触发条件后，保险赔付无需像传统保险进行冗长的索赔调查，不必基于实际损失结果就能实现快速赔付，提高灾害管理效率。参数化解决方案能够在管理盈利波动性、业务中断等风险中发挥重要作用。比如，国际某 S 公司与国内直保公司合作，设计开发的国内首例水电企业的降水发电指数保险，针对水电企业的旱灾风险提供了解决方案；设计的风力发电指数保险，为风电企业因为风资源不足造成的发电量损失提供赔偿。

（3）基于保护收入和现金流风险的解决方案，由于触发机制、赔偿结构以及数据和建模能力的提升，现在可以保障以前不可保的非核心业务风险。通过更具创新的风险保障解决方案解决产品召回风险、价格风险、业务中断风险等。比如，"农产品收入保险"将农产品生产的经济风险纳入农业保险保障范畴，利用保险手段促进农业生产、稳定农产品市场价格，并已探索出"保险+期货"模式，但受制于中国期货市场发展还不完善，再保险将是解决农产品价格风险的重要途径，国际某 S 公司提出将中国农险作为战略重点，聚焦在产量和收入的保障。

1.7.4　技术创新

技术创新，就是大力运用新兴技术，升级改造传统经营管理模式，拓展再保险的承保边界，增强再保险的深度与广度。数字化在保险、再保险领域的广泛应用，为行业发展带来重大变革，是提升经营品质的重要工具。正如国际领先的某 M 公司在 2017 年报中指出的，"数字化转型不是要（把再保险公司）搞成网络数据公司，而是要在核心业务开发、承保边界开拓中充分发挥数字化优势"。从国际再保险公司发展经验看，一方面，数字化应用改变业务流程，有效提升经营效率，国际某 S 公司开发的自动桌面承保系统，能够通过扫描附件将邮件中的关键信息导入业务系统，工作效率提升 50%；通过数字化、自动化理赔，将效率提升了 25%。另据普华永道估算，通过区块链技术共享数据信息，将节省保险、再保险公司之间核对信息成本，实现自动承保理赔，可为整个再保险行业节省 50 亿～100 亿美元交易成本，相当于再保险保费的 5%～10%。另一方面，数字化能够提升风险识别能力，可为新产品开发提供支持，大数据应用于再保险行业，能够显著提升数据质量，助力新产品开发。比如，国际某 S 公司与一家遥感公司合作，利用后者积累的全球土壤温度、湿度日数据，用基于遥感服务的天气指数等指标，替代传统的损失指标，解决了历史损失数据严重缺失区域的农险产品开发和定价难题，为拓展欠发达国家农业保险市场奠定坚实基础。

2 中外再保险商业模式比较

再保险经营具有典型的周期性，周期波动的特征既反映了再保险吸收直保经营风险的天然功能，也反映了不同公司商业模式的结构性差异。虽然同为再保险市场，但中国市场与欧美发达市场在经营特征、商业模式等方面存在显著的差异。这些差异从根本上决定了中外再保险公司价值创造能力的差异。国内上市再保险公司市值长期低于净资产的状况，也反映出国际资本市场对国内再保险商业模式的认可程度不高。中国再保险经营应瞄准国际最佳实践，不断推进商业模式创新，切实提升民族保险的价值创造能力和国际竞争力。

2.1 国际再保险市场商业特征

纵观国际再保险市场，具有鲜明的国际化、周期性、波动性的特征，再保险公司的承保利润率显著高于直保公司。考察全球前 15 大再保险公司一个承保周期的统计数据（2012—2017 年），可以发现欧美等发达国家市场的再保险公司承保盈利具有明显的周期性特征，通常 5～7 年为一个承保周期，其间会因为巨灾出现一次承保亏损年份；相比之下，新兴市场国家的三家再保险公司均在各自市场上处于绝对主导地位，但是承保业绩周期性特征不显著，且再保险综合成本率始终处于高位（见表 2.1）。进一步分析，样本内仅中国再保险集团和印度再保险公司加权平均综合成本率高于 100%，韩国再保险公司尽管低于 100%，但是也显著高于欧美公司平均综合成本率水平（见图 2.1）。

表 2.1　全球前 15 位再保险公司综合成本率（2012—2017 年数据）（单位：%）

排名	公司	2012	2013	2014	2015	2016	2017	加权平均
1	慕尼黑再保险公司	91.2	92.1	92.7	89.7	95.8	114.0	95.9
2	瑞士再保险公司	83.1	85.3	85.4	87.4	94.8	115.4	92.2
3	伯克希尔·哈撒韦再保险公司	99.9	86.6	92.5	90.5	89.4	116.4	98.2
4	汉诺威再保险公司	96.0	95.1	95.0	94.7	94.0	99.1	95.8
5	法国再保险公司	94.3	93.4	91.4	91.1	93.1	103.7	94.9
6	劳合社	91.0	80.1	81.3	86.7	92.3	117.2	91.4
7	美国再保险公司	N/A	N/A	N/A	N/A	N/A	N/A	N/A
8	中国再保险集团	100.4	99.8	98.0	96.0	101.9	103.9	100.1
9	大西部人寿	N/A	N/A	N/A	N/A	N/A	N/A	N/A
10	韩国再保险公司	97.9	97.1	99.8	98.4	99.2	96.4	98.1
11	印度再保险公司	104.8	90.2	109.8	109.7	101.1	103.8	103.2
12	博纳再保险公司	87.8	85.3	86.2	85.6	93.6	99.3	89.6
13	安富来再保险公司	93.8	84.5	82.8	83.4	77.6	103.1	87.4
14	美国信利保险公司	86.9	81.4	73.3	81.0	88.4	111.3	90.7
15	大西洋再保险公司	90.9	89.8	89.6	89.5	93.2	106.9	93.7

资料来源：A.M.Best Database。

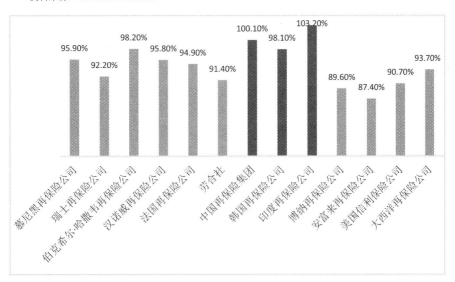

图 2.1　全球前 15 位再保险公司加权平均综合成本率（部分公司）

资料来源：A.M.Best Database。

2.1.1 国际化特征

再保险市场的国际化特征是指无论从需求角度还是供给角度，再保险市场的参与者都有与本国以外的主体开展合作的需求，从而导致再保险市场跨国业务占比较高的客观现实。

从需求角度看，直保公司开展分出业务的本质是为了分散风险。在区域风险特征同质化程度较高的客观条件下，以再保险分出的方式，将风险向区域外市场分散，由全球再保险资本共同承担的业务安排，显然优于风险的区域内分散。美国作为全球最大的保险市场，面对飓风重损多发的区域环境特征，其80%的风险分散到再保险市场，极大地降低了巨灾重损对美国保险市场的冲击。特别是各国政府和监管机构，普遍给予境外再保险机构较低的准入门槛，以充分利用再保险分散国内风险，提高保险市场稳定性。同样，我国就在金融行业外资准入要求较为严格的情况下，也给予了国际再保险主体相对宽松的政策。

从供给角度看，再保险客观上有利用不同国家和地区的风险特征差异，通过业务来源区域的多元化优化风险组合，更大程度上满足大数法则要求，在不改变资本杠杆率的前提下，降低风险不确定性，提升经营稳定性。因此，对于供给方的再保险公司而言，国际化的业务结构是提升经营绩效的必然选择。全球或区域领先再保险主体，都在全球范围内承接风险，优化业务结构。国际传统再保险巨头瑞士再保险公司（简称瑞再）、慕尼黑再保险公司（简称慕再）①的欧洲以外分入业务占比超过2/3。同样，中资背景的再保险公司中，无论是内地还是在港澳，近几年也都加大了对国际市场分入业务的拓展，以求改善经营绩效。

2.1.2 周期性特征

再保险市场的周期性特征是指再保险业务整体盈利能力随时间的规律性变动。再保险的周期性特征，主要由两方面因素决定。

一方面，巨灾重损周期性爆发的影响。巨灾风险的突发性与周期性特点，导致保险公司经营面对较大不确定性。再保险作为市场化风险分散的

---

① 为方便表达，书中使用了大量保险公司的简称，如瑞再、慕再等。

最后一道防线，在巨灾损失防范化解中发挥着更加重要的作用，这种经营的不确定性更为突出。这就需要再保险要更加注重周期内的以丰补歉。在统计上，再保险公司综合成本率与全球灾害事故保险损失的走势高度一致，再保险公司综合成本率较高的年份，都是全球灾害事故高发、巨灾重损较为严重的年景。

比如，2017 年下半年先后发生了飓风"哈维""艾尔玛""玛利亚"、墨西哥地震等重大自然灾害，全年自然灾害损失 3300 亿美元，保险损失 1380 亿美元，其中再保险行业提供的巨灾赔付（380 亿美元）占到保险行业总赔付的三成。与此相应，S 再保险公司、M 再保险公司当年综合成本率分别达到 111.5%、114.1%（如图 2.2）。再如，2011 年全球先后发生澳大利亚水灾、新西兰地震、日本地震、美国龙卷风及冰雹、泰国水灾等重特大自然灾害，当年 S 再保险公司、M 再保险公司综合成本率分别达到 104%、113.6%。这种再保险承保业绩与巨灾损失的高度相关性，客观上反映了再保险在巨灾风险防范与灾后恢复中的重要作用。正是再保险机制的存在与功能发挥，在有效避免直保公司因巨灾重损而产生较大的业绩波动的同时，也反映出再保险在巨灾风险防范与快速恢复生产上的独特作用。

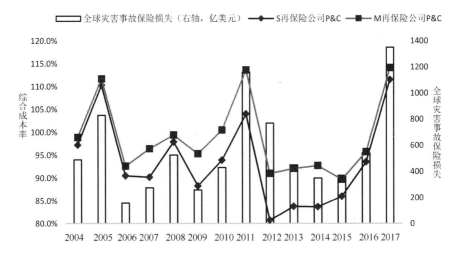

图 2.2 国际领先再保险公司 S 与 M 综合成本率与全球灾害事故保险损失

注：P&C 指财产与意外保险业务。

资料来源：*Sigma*，公司年报。

另一方面，金融市场周期性影响。再保险是资本密集型行业，利率周期以及资本的逐利性也是再保险市场周期性的重要影响因素。当再保险业务表现出具有竞争力的盈利能力时，逐利性会推动资本流入再保险市场，承保能力供给增加导致再保险价格（保费）下滑，再保险承保盈利能力减弱，甚至出现定价不充分（保费收入不足以弥补风险）形成承保亏损。此时，逐利性又会推动资本流出再保险市场，供给减少导致价格回升，再保险盈利能力增强。如果利率周期叠加，全球资本过剩，这种金融周期性的影响就更显著。

在实践中，上述两个因素的共同作用，形成了再保险市场的周期性特征，平均5～7年就会出现一次承保亏损。如图2.3，考察2004—2017年国际某 S 公司综合成本率走势，大致可划分为2005—2011年、2011—2017年两个完整周期，该阶段的两个周期持续时间均为6年。在每个承保周期内，综合成本率经历一轮由低到高的走势。作为保险的保险，这种承保业绩的周期性波动在再保险公司经营中体现得更为明显。

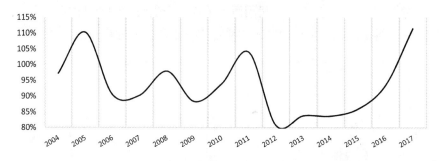

图 2.3　国际领先再保险公司 S 的综合成本率

资料来源：*Sigma*，公司年报。

2.1.3　波动性特征

再保险市场的波动性特征是一个相对概念，是指相对直保市场而言，再保险业务整体盈利能力波动幅度更大，期望收益更高，体现了再保险市场为提升直保市场稳定性而蕴含的合理对价。

风险的不确定性决定了保险公司经营可能面临较大的起伏和波动，特别是重大自然灾害、重大突然事故等造成的重大损失，会对保险个别年份的经营业绩形成较大不利影响。为了降低不确定性，直保公司普遍通过再保险机制来对波动进行平滑。通过再保险摊回，直保公司可以大幅降低自身直接承担的大额损失，有效改善个别年份的经营状况，从而平滑经营业绩，提升经营管理稳定性。而在平滑直保公司经营业绩的过程中，再保险公司经营的不确定性增加，表现为再保险市场相对直保市场更高的波动性。作为对价，直保公司也会向再保险公司支付相应的保费，表现为再保市场相对直保市场更高的期望收益。

通过比较直保公司 A 和再保险公司 S 的承保业绩波动，可以明显看出再保险公司业绩波动幅度更大，期望收益更高。从直观趋势看，如图 2.4，再保险公司 S 的综合成本率波动区间为 80%～110%，跨度约 30 个百分点；直保公司 A 的综合成本率波动区间为 92%～98%，跨度为 6 个百分点，仅为 S 公司的 1/5。从统计分析看，该典型再保险公司综合成本率波动的标准差为 9% 左右，可比直保公司仅为 1.26%，二者相差近 6 倍。从 2012—2017 年的承保周期看，S 公司的综合成本率均值仅为 89.87%，较同期 A 公司低 4.97 个百分点（见表 2.2）。尽管承保业绩波动性较高，再保险公司在长期经营中能够获取相对更高的承保收益。通过观测全球前十五大财险再保险公司，其综合成本率基本呈现同样统计特征，预期承保业绩优于可比直保公司。

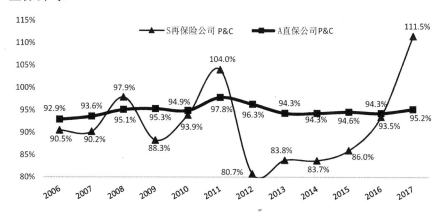

图 2.4 国际领先再保险公司 S 与可比直保 A 公司综合成本率

资料来源：*Sigma*，公司年报。

表 2.2　国际领先再保险公司 S 与可比直保公司 A 的综合成本率统计特征

（2006—2017 年）

	均值	标准差	最大值	最小值
再保公司 S	92.00%	8.96%	111.5%	80.7%
直保公司 A	94.88%	1.26%	97.8%	92.9%

资料来源：*Sigma*，公司年报。

再保与直保承保盈利的波动幅度差异，充分体现了再保和直保两种商业模式不同的"风险-收益"特征，再保险为直保公司平抑周期波动、保障平稳运行的独特功能，以及为此内涵的合理对价。直保公司将高波动性风险转移给再保险公司，获取相对稳定的承保收益；再保险公司承担高波动的风险责任，获取相对较高的期望收益。

2.2　中国再保险市场商业特征

对比国际再保险市场，国内再保险市场承保盈利周期特征不明显，波动幅度与直保公司高度趋同，承保盈利显著弱于可比直保公司。选取国内典型的再保险公司与直保公司，可以清楚地看到中国再保险市场与国际再保险市场商业特征的差异。

2.2.1　承保盈利周期特征

国内再保险公司承保盈利周期性特征不明显。如图 2.5 所示，在 2004—2017 年间，国内典型再保险公司 Z 的综合成本率多数年份的走势都比较平稳，剔除 2008 年国内罕见巨灾的影响，其综合成本率呈窄幅波动，没有表现出明显的周期特征。在 2008 年，国内发生罕见的冰冻雨雪灾害和汶川地震，国内典型再保险公司 Z 财险综合成本率大幅提高到 120.9%。此外，从 Z 公司承保业绩反映的巨灾损失看，中国市场的巨灾周期与欧美市场具有不同步性。

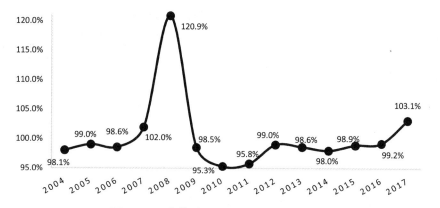

图 2.5 国内典型再保险公司 Z 综合成本率

资料来源：相关公司年报。

2.2.2 承保盈利波动特征

国内典型再保险公司 Z 的承保盈利与可比直保公司 R 趋势一致、波幅相当，但承保盈利更弱。从直观趋势看（如图 2.6），Z 的综合成本率显著高于 R；但二者变动趋势无明显差别，波动幅度也十分接近，分别为 3 个百分点（Z）和 5 个百分点（R）。从统计分析看（如表 2.3），Z 的综合成本率标准差（1.83%）要显著高于 R（0.97%），约为后者的一倍；同时 Z 的综合成本率均值（99.47%）较直保公司 R（96.65%）低近 3 个百分点。这种统计特征意味着国内再保险公司与直保公司之间的独立性较差，在商业模式上具有较强的依附关系，再保险应有的功能以及其稳定直保经营业绩的作用尚待进一步发挥。相应的再保险承保利润空间受制于直保业绩并显著弱于直保公司。

图 2.6 国内典型再保险公司 Z 与可比直保 R 公司的综合成本率

资料来源：相关公司年报。

表 2.3　国内典型再保险公司与可比直保公司综合成本率统计特征（2012—2017 年）

	均值	标准差	最大值	最小值
再保险公司 Z	99.47%	1.83%	103.1%	98.0%
直保公司 R	96.65%	0.97%	98.1%	95.1%

资料来源：相关公司年报。

2.3　中外再保险市场周期特征比较

　　与国际领先再保险公司相比，国内再保险行业独立性与承保盈利能力相对较差，周期性、波动性均不显著，再保险在保险价值链上的功能和作用发挥不足。从直观趋势看，如图 2.7，与国际领先主体相比，国内典型再保险公司 Z 综合成本率曲线相对平直，波动区间（95.3%～103.1%）也仅有国际主体 S（80.7%～110.3%）的 1/4。从统计分析看，如表 2.4，国内再保险综合成本率均值较国际再保险高 5 个百分点以上，标准差仅为国际再保险的 1/5，表现出较差的承保盈利能力和较弱的承保波动性。

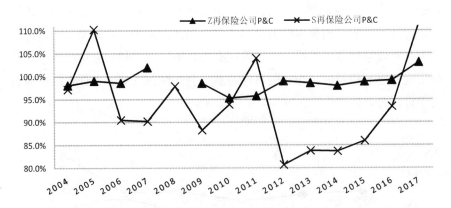

图 2.7　国际再保险公司 S 与国内再保险公司 Z 的综合成本率

资料来源：相关公司年报。

表 2.4 国际再保险与国内再保险综合成本率统计特征（2004—2017 年）

	均值	标准差	最大值	最小值
国际再保险公司 S	93.68%	9.63%	111.5%	80.7%
国内再保险公司 Z	98.77%	2.07%	103.1%	95.3%

资料来源：相关公司年报。

总体来看，在国际市场，再保险公司的承保业绩周期波动与直保公司具有显著差异，充分体现了直保、再保两种商业模式的差异。如表 2.5 所示，长期数据显示，再保险公司以 5～7 年为一个周期循环往复，并与巨灾重损高度相关。再保为直保吸收巨灾风险、平抑周期波动，并在时间维度上进行风险对冲，巨灾年份承保亏损（吸收风险），年度间平衡后体现出高于直保公司的平均承保利润。在国内市场，再保与直保的变动趋势高度一致，再保险独立性较差，没有体现出对直保应有的风险吸收和周期平抑作用；同时受制于直保公司承保业绩，国内再保险业务承保利润空间非常有限，长期在亏损边缘徘徊，再保险没有发挥出应有的功能以及价值创造力。

表 2.5 中外典型再保险主体承保周期特征对比

	国际市场		国内市场	
	再保	直保	再保	直保
样本	S 公司、M 公司 财产险业务	A 公司 财产险业务	Z 公司	R 公司
周期性	显著（6～7 年）	不显著	不显著	不显著
变动趋势	再保承保盈利强于直保，周期特征与直保具有显著差异性。再保险与原保险关联性弱		再保盈利弱于直保，盈利差异明显，但周期趋势一致。再保险与原保险关联性显著	
波动幅度	25 个百分点	5 个百分点	7 个百分点	9 个百分点
巨灾重损影响程度	较大	较小	较大	较大

2.4 国际再保险公司商业模式

在国际再保险市场，瑞士再保险公司、慕尼黑再保险公司、汉诺威再保险公司、法国再保险公司、伯克希尔·哈撒韦集团、劳合社、美国再保险公司是稳居前列的国际再保险主体。本节综合上述几家国际领先的全球再保险公司，分析其商业模式中的共性。

2.4.1　产品与服务

国际再保险公司拥有出色的产品创新能力。凭借多年来积累的客户数据及产品经验，加之专业化的高素质人才及出色的研究能力，国际领先再保险公司普遍拥有强大的产品开发能力、制定差异化条款和定价的能力，能迅速地捕捉到市场热点，针对新风险识别出保险需求及需求客户，再通过研发部门进行产品的设计和创造，填补行业产品空白，利用创新性产品更早更快地进入相应的细分市场，抢占市场份额。例如，某国际 S 再保险公司"知识研究型公司"的战略促使其拥有实力强大的研究开发团队，定期出版的刊物 *Sigma* 杂志提供了独一无二的针对保险热点问题的数据和分析，引领了对全球保险市场的看法，在业内享有盛誉。该国际 S 再保险公司在中国推行创新型车辆再保险产品，如豪华车辆再保险等，意在解决高价值或高风险类别车辆的风险转移，如昂贵的私家车、危险品车和公共汽车，运用特殊的条款和临时再保险，并使用各种工具——利用睡眠监测的新技术来监测长途汽车司机等，完成风险管理和转移，因为此类产品的高技术性和高利润贡献，使其成为 S 再保险公司开拓中国再保险市场的关键产品之一。

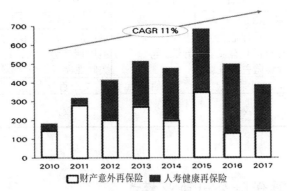

图 2.8　2010—2017 年 S 公司大宗定制化交易利润（单位：百万美元）

资料来源：相关公司年报。

强大的技术实力使公司能为客户提供定制化的服务。无论在产品设计、市场定价，还是在业务管理、风险控制方面，卓越的承保技术都是至关重要的，国际再保险公司利用出色的承保技术为客户提供大宗定制化的保险方案。通过高频专业化的沟通，有效把握客户痛点，为客户量体裁衣，提供全方位、定制化的解决方案，不仅能化解客户的风险，而且也为客户降低了成本，带来了独特的附加值。对于再保险公司来说，大宗定制化的交易推动其业绩的快速增长，为公司贡献了大量的经济利润。比如，某国际 S 再保险公司企业解决方案板块是其近年来增长最快的板块，专门为大型企业设计定制化产品，成为承保利润提升强有力的推动力，体现出其高水平的再保险专业程度。

2.4.2　业务结构

在险种结构方面，国际再保险公司各险种均匀发展，其中责任险、财产险以及传统车险占比较高。国际再保险公司的再保险业务发展比较成熟，再保险业务险种多元化且均衡发展，在财产意外再保险中，车辆再保险比重较低，而更能体现保险社会管理功能的责任再保险占比较高，能够更好地发挥再保险为社会生活提供保障和分散风险的功能。例如，S 再保险公司的财产险板块中，责任再保险占比 38.4%，是占比最高的财产意外再保险板块（如图 2.9）。

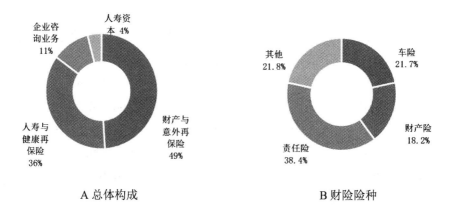

图 2.9　2017 年某国际再保险公司 S 的险种构成

资料来源：相关公司年报。

在承保方式方面，国际再保险公司非比例业务占比较高。比例分保更像是直保经营的进一步延伸，再保险公司在比例业务中定价能力处于劣势地位，比例业务的承保盈利能力相对较弱，难以充分体现再保险公司的专业经营水平；非比例分保以超额赔付为主，真正体现再保险公司对直保业务潜在巨灾风险的承担和分散，尤其对直保业务中高风险业务的风险有效地进行吸收，平稳直保业务的运营发展，能体现再保险业务的经营价值。在非比例承保中，再保险公司拥有更多的定价主导权，是国际再保险公司重要的承保方式。S 公司业务中比例业务占比低，为 36%；非比例业务占比高，为 64%。

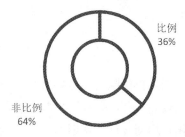

图 2.10　S 公司的比例和非比例业务占比

资料来源：相关公司年报。

2.4.3　经营策略

国际再保险公司注重通过差异化战略寻求效益的增长。在业务的开发和拓展中，各领先的国际再保险公司都已形成独特的优势，并利用自己的优势进行差异化的战略性竞争，只有提供与同业公司不同的产品与服务，才能不断挖掘新的保险需求，巩固客户关系，促进业务持续增长，获取利润收益。例如，国际某 M 再的直保业务在国际化扩张的兼并收购中，采取进入原保险细分领域这一差异化战略参与竞争，其收购的 Midland（American Modern Insurance，美国现代保险）和 HSB（Hartford Steam Boiler）都是专门从事小众专业财产保险的公司，在活动板房、汽车房屋保险以及高端设备损坏、数据网络风险方面处于行业领先地位，这避免了与本土保险商开展直接的价格竞争，降低了成本，也扩大了市场份额。国际 S 再雄厚的资本实力、广而深层次的客户关系以及知识主导是其差异化战略的重要组成部分，公司强大的资本实力可以满足客户定制化的保险需求，同时个性化的服务巩固了客户的忠诚度，高端人才对行业市场深刻的理解使得公司对市场和风险的把控度提高。

国际综合性再保险集团注重利用直保和再保业务的协同发展实现规模经济。国际上的再保和直保之间并不是简单的承保利润分配，"高风险-高收益"是国际领先再保险公司的经营特征。再保吸收了直保的巨灾风险，承担了更高的风险，从而能获得更高的收益，同时平抑了直保的周期性波动，保障直保的平稳运行，起到了削峰平谷的作用。例如，国际某 M 再保险公司同时开展原保险业务和再保险业务，通过构建 ERGO 品牌开展原保险业务，利用再保客户网络发展直保板块的战略合作关系，更贴切地了解客户的需求，促进互利共赢的局面，直保业务相对于再保业务来说承保风险较低且经营稳定，在一定程度上平滑了 M 再保险公司的再保业务因风险较大带来的波动问题。

国际再保险公司的准备金政策更为稳健。准备金是保险公司重要的投资积累机制，由于国际领先的再保险公司准备金积累时间长，且因承保业务规模大，所以每年计提准备金多，进而拥有雄厚的准备金积累，这样可以使其承担高风险、高收益的业务，而高风险、高收益的业务可以为公司获得更高的利润，反过来又促进准备金的进一步积累，二者形成良性循环（见图 2.11）。

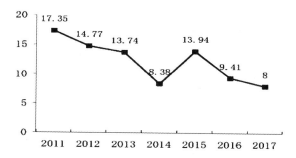

图 2.11 国际某 S 公司 2011—2017 年的准备金释放（亿美元)

资料来源：相关公司年报。

国际再保险公司普遍采取有效灵活的资本管理策略。由于再保行业受承保周期、宏观经济、投资环境等不确定性的影响较大，例如，当出现巨灾赔付导致赔付率大幅上升时，需要足够的资金储备来应对赔款支出；当企业进行业务的扩张和收购兼并时，雄厚的资本积累使公司在战略部署时无后顾之忧，所以强大的偿付能力和有效灵活的资本管理对于再保险公司来说非常重要。目前，国际再保险公司根据市场情况，以投资固定收益类资产为主，兼具稳定性和多元化，使资产负债进行有效的配置。近年来，股票投资的占比在国际某 M 再保险公司的投资组合中大幅下降，其盈利对于股票市场的依赖性大大降低，投资波动对投资利润带来的影响也不断降低。

2.4.4　市场与客户

国际再保险公司承保全球的再保险业务，尤其重视高增长地区。他们的业务来源于全球各地，不仅局限于国内或区域内，主要原因为：一是由于国土面积和国内人口限制了国内再保险市场的需求，如欧洲地区的慕再、瑞再、法再等，其国内再保险市场需求狭小，促使其进行国外业务的扩张。二是全球范围内的承保可以将风险在全球进行分散，避免承保风险过于集中给再保险公司带来灾难性的损失，对于直保公司来说，将风险较高的业务如巨灾保险向国外进行分保，以此来避免巨大的自然灾害造成全国保险公司的亏损，影响经济生活的正常运行，如作为自然灾害频发国家之一的美国，其保险业务在全球范围内进行分保，有效地降低了本国的风险承担。三是国际领先的再保险公司成立时间久，进行国际化扩张时间早，积累了稳定的客户、数据和大量的全球承保经验，使其在全球化承保时游刃有余。由于发达国家的再保险业务承保较为充足，且新兴市场强势崛起，在其经济的快速发展过程中会存在一些亟待解决的问题，同时经济水平的提高，必然产生巨大的保险需求，所以国际再保险公司非常重视新兴市场这一高增长地区，如中东、拉美、金砖国家等地区。如图 2.12、2.13 显示了 2017年 S 公司和 M 公司的再保险保费收入构成情况。

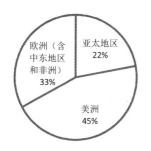

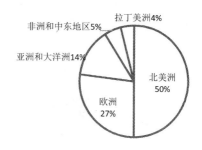

图 2.12　2017 年 S 公司再保险保费收入　　图 2.13　2017 年 M 公司再保险保费收入
　　　　　构成　　　　　　　　　　　　　　　　构成

资料来源：相关公司年报。

　　稳定的客户基础和客户关系管理能力是国际再保险公司的核心竞争力。一方面，国际再保险公司通过多年的业务积累形成了大量且稳固的客户基础；另一方面，通过雄厚的技术实力为客户提供全方位、定制化的优质解决方案，提高了客户的忠诚度和黏度。国际再保险公司在全球都设立了分支机构，通过全球的网络与客户保持密切的联系，本地的分支机构更容易与客户进行沟通，更懂得本地的保险需求，对于市场的变化以及客户的需求能做出快速、准确的响应，根据市场的变化做出产品、运营的改善，为客户提供可靠稳定的技术支持，有效地进行了客户关系管理，将客户资源牢牢把握，老客户也会基于对公司的信任带来新客户，使公司不断发掘、吸引新客户，进一步扩大业务范围。

2.4.5　分销渠道

　　国际再保险公司同时利用直销和中介渠道进行分销，其中直销渠道占相当比重。中介渠道是初入国际业务的公司为打开国际市场采取的重要方法，因为没有国际经验及客户的积累，需要中介的帮助来寻找再保险业务来源，快速提升业务规模，但弊端在于展业成本高，降低了承保利润，且客户资源掌握在中介手中，无法建立稳固的客户关系；而直销渠道可以更贴近客户，直观、精准地了解客户的需求，为客户定制高利润的个性化保险产品，降低再保险公司的展业成本，同时也可以有效地对客户关系进行管理，促进业务的进一步发展，实现业务的高收益。例如，如图 2.14，S 再保险公司的直销渠道是其分销推广的主要渠道，2017 年，财产意外再保险的直销渠道占比为 51%，人寿健康再保险的直销渠道占比更是高达 96%，通过直销渠道，S 再保险公司得以快速发展大宗定制化交易，将客户资源牢牢掌握住，不断实现利润的增长。

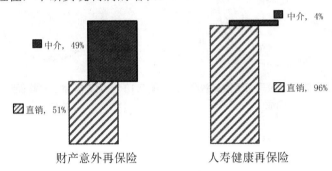

中介，49%

直销，51%

财产意外再保险

中介，4%

直销，96%

人寿健康再保险

图 2.14　2017 年 S 公司直销渠道和中介渠道占比

资料来源：相关公司年报。

2.4.6　风险管控

国际再保险公司注重通过业务和区域的多元化来分散风险。在业务方面，由于不同险种之间存在低关联性，所以丰富的险种有利于公司对风险进行整体控制，降低赔付率，隔绝不同险种给承保利润带来的周期性波动，避免因险种集中造成的亏损；直保和再保的协同发展可以为再保险公司带来规模效应，直保为再保提供业务，且利用其稳定性的特点熨平再保险业务尤其是巨灾再保险的巨大波动，降低再保险公司的承保风险。在区域方面，国际再保险公司采取全球承保的方式，使其业务能够在全球范围内进行分散，在很大程度上降低了因巨灾导致某一年份灾难性的赔付。

国际再保险公司注重通过资本市场进行风险分散。保险风险证券化是在资本市场进行的证券化交易，利用第三方资本建立起保险市场和资本市场的联系，不仅可以为再保险公司提供融资渠道、增加投资收入，而且可以平滑由于转分保市场的波动以及再保险承保定价周期的更迭对再保险公司偿付能力造成的风险，将再保险的风险证券化后转移到资本市场。比如对于仅有少量直保业务而导致超额风险暴露的国际某再保险公司 S，其利用保险资产证券化技术将公司承保的风险进行分割和标准化，转移到资本市场，降低了承保风险，极大地提高了承保能力。

国际再保险公司拥有先进的内部风险控制系统。国际再保险公司建立了多层次的风险管理体系，首先在集团层面进行统一集中，其次各个业务单元也有独立的风险报告和管控关系，能够有效地监控和管理因利率波动、市场风险、巨灾敞口等带来的风险。比如，M 公司设有专门的风险管理委员会，具有业内最完备的风险管理模型，基于确保赔付储备充足、投资者利益最大化以及保护公司声誉三个方面，定期调整公司的风险策略，根据不同的风险策略和风险偏好，计算出每个业务单元的经济成本，为应对不确定的风险预留资本。再比如 S 再保险公司提出了自身风险管理策略基于四个原则：一是控制风险接受程度，二是明确各层员工对于风险的问责机制，三是独立的风险监督，四是进行知识共享提升风险管理的透明度。

2.5 中外再保险公司商业模式差异分析

作为保险的保险，再保险生存与发展的根基，源自其强大的风险识别、风险定价和产品创新能力，承担了为直保公司吸收巨灾风险、平抑周期波动、提升经营稳定性、引领市场创新等一系列无可替代的作用，并由此带来独特的价值创造能力。进一步分析中外再保险典型主体承保特征差异，原因更多体现在中外再保险商业模式的结构性区别上。与国际通行再保险商业模式相比，中国再保险公司商业模式存在很大差异，具体体现在以下方面。

2.5.1 合约结构差异

国际领先的再保险公司更加注重非比例合约业务发展。非比例合约对风险识别、风险定价等专业能力要求更高，更能体现再保险巨灾管理等功能作用。再保险合约主要分为比例再保险和非比例再保险。比例合约是以保额为基础，按照统一比例分配承保责任、保费、赔款，直保与再保的风险责任特征基本相同。非比例合约是以赔付金额或赔付率为基础，双方损失概率完全不同，风险定价基础有本质差异。非比例合约模式下，再保险在吸收巨灾风险、平抑周期波动中具有更为显著的作用。非比例合约对再保险专业能力要求更高，再保险功能发挥也更充分，周期波动性更大，相应预期承保收益也更高。

从中外典型再保公司对比看，国内再保险公司非比例合约占比过低，再保险功能发挥受限。2017年，国际再保险公司S的财产险业务中，非比例合约占比为35.82%，是国内典型再保险公司Z（占比为1.6%）的20多倍。这种结构差异说明，国内再保险的主要作用还停留在发展的初始阶段，再保险更多地体现为直保业务的延伸，与直保承担的风险责任类型基本相同，再保险吸收巨灾风险、平抑周期波动等独特功能作用发挥不够。

2.5.2　风险结构差异

国际领先的再保险公司更加注重风险保障与"长尾"业务发展。"长尾"险种的保险责任延续时间更长，风险结构更加复杂，更能体现再保险的功能作用。以责任险为代表的"长尾"险种，从投保到出险再到核保理赔，间隔时间较长。通货膨胀、投资收益、法律环境等因素，都会对最终赔付金额产生较大影响。如果控制不好责任限额，将会产生难以预料的赔付规模，甚至影响保险公司的财务稳定性。20世纪90年代，由于对与石棉相关的疾病和环境损害估计不足，导致美国多家保险公司破产，就是"长尾"风险失控的典型例证。"长尾"险种复杂的风险结构，给再保险发挥风险识别、风险定价等专业功能提供了空间；同时基于直保公司"长尾"风险分散需求，再保险公司的议价能力更强，承保业绩也更好。

从中外对比看，国内再保险公司责任险等具有较强社会管理属性的险种发展滞后，在一定程度上制约了再保险功能的发挥。2017年，国际再保险公司S的业务中责任险规模居首位，占比达到38.39%；而国内再保险公司Z的责任险占比为10.1%，仅为国际领先企业的1/4。国内再保险较低的责任险占比，使得其风险责任的不确定性小于国际同业，承保周期波动更小，相应业务组合的承保盈利能力也更弱。

2.5.3　销售渠道差异

国际领先的再保险公司更加注重直销业务与定制化产品服务开发。通过强化直销业务，提升高价值客户接触频率，精准把握客户痛点，有针对性地提供定制化服务，从而在产品创新、转型发展等方面与直保公司组成更紧密的利益共同体，是国际领先再保公司获取超额收益的重要途径。直销渠道贴近客户，便于进行高利润产品的定制化开发，是降低展业成本、实现高收益的重要途径，也是再保险输出技术和产品服务的有效途径。国际再保险公司 S 的财产险业务直销保费收入占比达到 50%，掌控客户资源的能力更强，把握高价值客户需求痛点，针对性开发定制化产品，提供个性化风险解决方案，深入挖掘客户资源潜力。自 2013 年开始，定制化业务已成为瑞再、慕再着力发展的方向，到 2017 年贡献了平均约 30%的经济利润。

国内再保险公司产品创新与定制化能力严重落后，客户价值挖掘不够充分。国内再保险公司专业能力较弱，缺乏有效的数据、模型支撑，定制化产品开发和服务能力不强。例如，近年来国内市场健康保障需求快速增加，但由于国内再保险公司缺乏产品开发能力，在这一轮消费需求释放中受益有限，而瑞再、慕再等则非常注重通过对客户开发定制化产品、大比例分入相应业务的方式，取得很好的业绩。以中国为主要代表的亚洲区业务已经成为慕再最大的人身险再保险业务，在巨灾、社会管理、扶贫等服务国内直保公司转型发展的潜力领域，一些国际领先主体已走在前列。

2.5.4 市场环境差异

国内保险市场发展不充分，保障型业务发展水平较低，也在一定程度上限制了再保险功能的发挥。一方面，国内直保市场仍处于发展的初级阶段，发达国家的主流险种，以及具有更强社会管理职能的责任、医疗、健康、养老等细分市场发展滞后，风险管理为主要目的的再保险内生性需求较弱，在一定程度上限制了再保险风险保障需求。另一方面，国内直保公司更习惯法定分保历史下的比例分出模式，更加偏好手续费摊回及赔款摊回，对于具有"削峰填谷"特征的超赔业务（非比例业务）认识还不充分。在多种因素综合作用下，造成了中外保险市场的结构性差异与周期性差异，也反映了我国再保险市场发展还缺乏体现再保功能的商业模式，风险管理与价值创造能力较弱。

2.6　案例分析：鼎睿再保险（Peak Re）与亚洲资本再保险（ACR）

鼎睿再保险、ACR 是分别设立于中国香港地区、新加坡的再保险公司，两家公司分别成立于 2012 年、2006 年，是亚太地区新兴再保险公司。

2.6.1　经营概况

鼎睿初始注册资本 5.5 亿美元，2017 年保费收入约 11 亿美元，开业 5 年就跨过了 10 亿美元门槛，年均增速 82%，是全球财产再保险市场发展速度最快的公司之一；尽管 2017 年面临北美巨灾等不利因素，税后利润仍有 7050 万美元，股东权益 9.12 亿元。从运营首个完整年度开始，鼎睿持续保持综合盈利，始终为股东带来稳定可持续回报。鼎睿着眼全球运营，亚太地区、EMEA（欧洲、中东和非洲）及北美洲三大区域均衡增长。鼎睿拥有 A.M. Best 的 A-评级。

ACR 成立于 2006 年 11 月，初始注册资本 6 亿美元。ACR 成立初期快速扩张业务，但 2011 年遭遇泰国洪水等重大损失，当年经营亏损 1.99 亿美元，之后 ACR 经营进入了调整期。如图 2.15、2.16 所示，2017 年 ACR 保费收入仅为 5.23 亿美元，较高峰时期下滑了 43%。ACR 经历了转型的阵痛后，整体经营情况逐步好转，2017 年股东权益止跌回升，超过 8 亿美元；净利润 5881 万美元，近三年首次盈利。ACR 拥有标普、A.M. Best 的 A-评级。

从保费收入看（图 2.15、图 2.16），鼎睿始终保持稳健增长的势头，自 2016 年首次入围全球 50 强榜单以来，排名持续上升（2016 年 50 名、2017 年 43 名、2018 年 36 名）；ACR 经过前期大幅扩张后，由于经营严重亏损，2013 年之后保费收入持续萎缩，2017 年仅为峰值的 56.6%。全球 50 强榜单排名持续下滑（2016 年 43 名、2017 年 48 名、2018 年 49 名），未来有可能会跌出全球 50 强榜单。

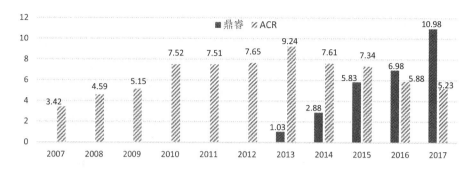

图 2.15 鼎睿、ACR 保费收入（单位：亿美元）

资料来源：相关公司年报。

从净利润看，鼎睿依托母公司的投资能力，与承保形成双轮驱动，实现开业以来 5 年持续盈利。ACR 由于 2017 年重组实现增值，但近 4 年的投资收益都不足以弥补承保亏损；剔除资本运作因素后，仍然亏损。

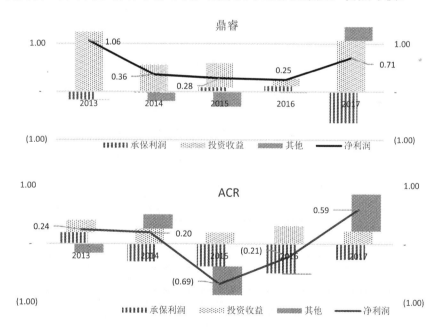

图 2.16 鼎睿、ACR 净利润（单位：亿美元）

资料来源：相关公司年报。

从净资产看（如图 2.17），由于经营效益差异，鼎睿和 ACR 的净资产呈现相反走势。鼎睿净资产稳步上升，开业 5 年累计增值超过 40%。ACR 经营效益较差，剔除 2017 年重组评估增值，净资产近 4 年连续下降。

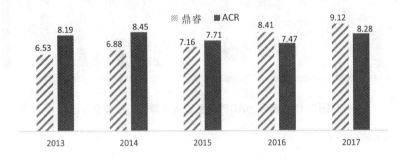

图 2.17 鼎睿、ACR 净资产（单位：亿美元）

资料来源：相关公司年报。

2.6.2 承保策略

鼎睿高度重视核保管控。在初创期鼎睿围绕客户、市场和产品确定了较为严格的承保策略，实施集中核保。主要体现在：突出职能，打破部门边界，开放式办公与内部高效协同，让不同背景和经验的专才共同组成内部运营支持团队，提高运营沟通效率；强化核保，强调承保风险管控与承保规则执行，初期由首席核保官和首席执行官执掌核保工作，用内部高效协同提升承保决策效率与风险识别能力，提高市场响应速度；以客户为中心，设立了来自风险分析、产品核保和市场研发职能三合一的核保团队；审慎承接，在低利润的比例合约承接方面一直比较审慎，极少担任国内市场比例合约首席。在超赔合约上相对积极地参与市场报价。得益于严格的核保管控，开业第 5 年平稳度过了北美巨灾冲击。

ACR 起步阶段更加注重业务的成长性。开业第一年即实现 3.4 亿美元保费收入，在规模上迅速成为明星公司。前 7 年保费以年均 28% 的速度增长，开业第 5 年（2011 年）遭遇巨灾，2 亿美元巨额亏损暴露了业务质量以及累积风险管理的重大漏洞。面对巨灾之年的巨亏重损，ACR 不得不进行转型，被迫调整承保策略。特别是自 2015 年后，调整核保策略与业务组合，大幅削减比例财产险业务，更加注重积累临分与非比例业务。

2.6.3　区域策略

鼎睿按照"一体两翼"原则，稳健布局亚太和全球业务（图2.18）。开业以来，立足亚太地区，积极稳妥拓展欧美市场，欧洲以及美洲地区业务占比逐渐提高至38%。全球不同地区业务的平衡组合，有利于风险分散，稳定公司经营，这也是其能够顺利应对北美巨灾的原因之一。

ACR 是全球第一家专门为快速增长的泛亚地区客户服务的再保险公司，多年来承保业务接近90%为中日韩和东南亚客户（图2.18）。业务来源过于集中，使得区域风险高度积累，为日后重损埋下隐患。

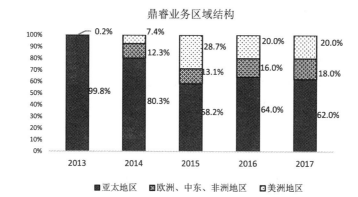

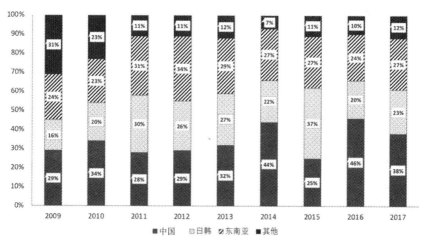

图 2.18　鼎睿、ACR 国际布局

资料来源：相关公司年报。

2.6.4   风控策略

鼎睿注重全方位风险管控，将风险管控作为再保险公司经营的重要基础。鼎睿自成立以来，采取多项举措管控风险：预测研究，通过提升自身提前预测事态发展的前瞻能力，来应对瞬息万变的风险环境，特别是科技、气候变化和地缘政治等领域。风险阈值，针对每种风险明确了总体能力，也考虑到各风险之间相互依赖的关系。在每个类别内，规定风险限额在转分后通常不超过股东权益的 5%；总体最大损失不超过净资产的 18%。承保和投资并重，鼎睿成立之初的市场环境一般，2013 年有重损（中国海力士和菲特，菲律宾有陆上最强台风海燕），首年承保亏损 0.17 亿美元，第 3年实现了承保盈利。

2016 年以前，ACR 以比例转分为主防范巨灾风险，2011 年巨灾之年比例转分并未取得很好的风险转移效果。巨灾损失后，公司偿付能力出现问题，不得不进一步扩大转分比例应付偿付危机，且持续时间长达 5 年。2016 年开始转向以超赔安排为主，2017 年初步见成效，综合成本率开始下降。

2.7   国际再保险最佳商业实践与中国再保险商业模式重构

2.7.1   国际再保险最佳商业实践

国际领先的再保险公司的成功经验具有共性，这个共性就是市场反复验证的国际再保险最佳实践。

一是注重业务风险防控。国际领先的再保险公司均将风险作为承接业务的首要考虑因素，也是其经营价值的重要体现。在实践中，风险管理渗透到各个环节：在承接方面，注重风险识别、风险定价，严格承保条件，审慎承接业务，保证业务品质；在运营方面，注重通过超赔转分合理控制风险敞口，降低巨灾风险冲击；在研究方面，针对市场新兴风险开展前瞻性的研究，提升应对新兴风险事件的能力。

二是坚持承保有利润原则。再保险行业从来都不是以"以规模论英雄"，承保利润始终是国际再保险公司关注的重点。以 2017 年为例，尽管北美巨灾对国际再保险行业带来巨大的赔付压力，但国际再保险 50 强中，仍有 12 家公司财险业务综合成本率低于 100%，其中，汉诺威再保险公司、帕特纳瑞保险公司、曼弗再保险公司等均为全球布局的大型再保险公司。

三是注重精准把握客户需求。当前，国际领先的再保险公司的客户经营理念，早已超越了传统直保公司范畴，延伸到了政府、非政府（NGO）组织甚至个人客户群，依靠自身强大数据分析与产品创新能力，在巨灾风险、社会管理、扶贫开发、健康管理等潜力领域，实现了再保险引导并满足客户需求的转变，在客户产业链争夺中逐步确立了主导地位。

四是注重产品与服务创新。紧跟市场需求变化创新产品与服务，是国际领先再保险公司的普遍做法。在传统领域，注重输出技术与服务，把传统产品和再保险方案升级转化为综合性再保险风险管理服务解决方案，为直保公司提供一揽子的产品服务；在新兴领域，面对直保市场发展转型潜力巨大的责任险、医疗健康险、养老保险等，以创新驱动产品开发，满足直保市场的风险保障需求。

五是注重全球化业务布局。国际领先的再保险公司都注重全球布局再保险业务，充分利用时间和空间增强业务自平衡能力。同时，通过业务互换构筑稳定的国际业务基石合作伙伴，实现不同区域风险的进一步分散。

2.7.2　中国再保险公司商业模式重构

中国再保险市场还缺乏典型意义上的再保险商业模式，未能成为保险产业链上的建设性商业伙伴，熨平巨灾风险的再保险商业特征不显著，价值创造能力仍很低，未来的发展任重而道远。中国再保险公司应更加注重承保盈利，将经营效益作为商业模式重构的出发点和落脚点，注重在稳健经营中创新商业模式，改变现有的合约结构与区域结构，实现向高质量发展转型。

一是拓展超赔合约。从国际超赔业务的实践来看，超赔业务是发达国家保险市场主流的再保险风险保障方式，更加注重发挥再保险分散的基本职能。国际再保险公司的盈利水平随着风险周期的变动，在公司科学的定价和合理的准备金提取业务操作下，灾害发生频率较少、损害程度较小的年份足以弥补有重大灾害发生造成重大损失的年份，实现资本的长期积累和业务的可持续发展。因此拓展超赔合约不仅有利，而且符合国际发展趋势。因此，国内再保险公司应树立风险防控意识，按风险安排再保险业务，发挥保险分散风险的职能，加大力度引导直保公司科学对待再保险功能，挖掘非比例业务的增长潜力，扩大再保险公司的盈利水平。

二是提升产品创新能力。产品的创新是再保险公司必须掌握的核心技术能力。在保险产品创新方面，瑞再的企业解决方案板块是该公司近些年来业务增长速度最快的部分，而这种业务高速增长的态势得益于其创新的保险方案和卓越的承保能力。对于再保险公司而言，根据重点客户需求进行定制化产品服务方案开发，已成为创新发展的趋势和潮流。不同国家所处的发展阶段不同，对创新的需求也不一样，民族专业再保险公司应发挥既熟悉本土市场又熟悉国际市场的优势，在技术引进、产品引进的基础上，不断开发出满足客户需要、解决客户再保险需求痛点的创新性产品，在助力国内保险市场转型发展中谋求发展。

三是积极开拓国际市场。走出去是民族再保险公司成长的必由之路。在现阶段，国内保险市场发展程度不高，直保前端竞争过于激烈，再保险公司短期内难以改变与直保公司的附属关系，承保利润提升空间有限。境外业务较境内业务具有显著的高风险、高收益特征，也是谋求高质量业务的重要来源。国内再保险业务要取得长期平稳的发展，就必须放眼世界，更加注重国际市场拓展，以优质国际业务发展为方向进军国际市场，在市场竞争中不断提升专业技能，并在更广的范围内扩大自身业务规模，平衡业务风险。

四是强化直销渠道。目前，国际知名再保险公司均大力发展直销渠道，尤其是通过直销渠道对客户资源进行深度挖掘。民族再保险公司开展直销业务，还要着力在两个方面下功夫。一方面，加大数据的收集和积累。除了再保险公司内部加大数据的积累以外，国内再保险公司还应在数据收集方面进行合作，共同完善我国保险风险数据体系，拓展我国再保险产品定价的数据基础。另一方面，提高定价能力。定价是直销业务的基础，国内再保险公司应积极引进并开发具有自主知识产权的风险定价模型，并不断通过完善各类模型参数，逐步提升定价能力。

3 国际竞争格局下的中国再保险市场

国际再保险市场格局具有相对固化的特征，大型国际专业再保险公司长期雄踞欧美。近年来，新兴市场特别是中国市场保持快速发展势头，日益成为重要的再保险分出业务来源地，也为中资再保险公司实现跨越式发展、跻身国际市场前列、打破原有国际再保险市场格局提供了必要条件。展望未来，中国再保险市场蕴含着重塑全球传统竞争版图的潜力。

3.1 中国再保险市场发展历程

以中华人民共和国成立、改革开放、法定分保取消为标志，中国再保险市场主要经历了四个发展阶段。回顾中国再保险市场发展历程，尽管充满艰难曲折，但再保险市场的血脉始终未断，是保险业唯一贯穿中国现代化进程的细分业务。

3.1.1 第一阶段：中华人民共和国成立前艰难起步阶段

中华人民共和国成立以前，中国再保险市场处于探索和萌芽时期。这一阶段，市场的发展主要表现为华商保险企业相继联合建立的多家再保险集团。

1805 年，由英国洋行创立的谏当保安行（Canton Insurance Society）作为第一家在华外资保险公司在广州成立，成为中国近代保险业的开端。但是直至 1929 年之前，中国的保险企业无论外商或华商，都以原保险为主要业务经营范围，尚未出现专业经营转分保业务的保险机构。

20 世纪 20 年代后期，华商保险企业开始尝试通过联合保险的形式发展再保险业务。1929 年，上海联保、肇泰、联泰、羊城等四家民族保险企业共同设立了四行联合总经理处；1930 年，太平、华安水火、宁绍、通易信托公司保险部等相继加入，四行联合总经理处更名为中国联合保险总经理处。各成员机构共同签订联合分保协议，组成分保集团，在集中内部业务进行转分保手续的基础上，再统一将溢出部分转分给外商保险企业。这标志着中国近代再保险业的开端。

此后，面对与外商保险公司激烈的竞争局势，多家华商保险企业经过与国民政府多轮协商，于 1933 年在上海建立华商联合保险公司，成为当时唯一特许经营再保险业务的保险机构，这也是中国近代的第一家专业再保险公司。

抗日战争期间，中国境内的外商保险企业被日本接管。为表明民族立场、避免与日本控制的外商保险公司产生再保险业务合作关系，华商保险企业又联合成立了若干家再保险集团，如太平分保集团、大上海分保集团、久联分保集团、十五联分保集团、华商联合分保集团等。

抗日战争结束后直至中华人民共和国成立前，中国再保险市场主要由以下三个部分组成：第一部分是由官僚资本控制的保险公司，如 1946 年由国民政府中央信托局控股成立的中国再保险公司，代表国民政府专营再保险业务；第二部分是由民族资本控制的再保险集团，其中以太平、久联、华商联合、大上海、中国等五家为代表；第三部分则是由外国资本控制的在华外商保险企业。

总体来看，中华人民共和国成立以前，中国再保险市场已经产生并开始初步发展，由民族资本带动的华商保险企业已经开始探索联合经营再保险业务的道路。但是由于国力的屡弱、资本实力的不足、承保技术的落后以及业务经验的缺乏，当时中国各再保险集团的自留额普遍较低，主要依靠实力雄厚的欧美国家再保险公司解决分保问题，绝大部分的再保险业务和分保费流向海外，中国再保险市场实际上为外商所控制。

3.1.2　第二阶段：改革开放前曲折发展阶段（1949—1978 年）

中华人民共和国成立初期至改革开放前这一阶段，中国再保险市场发展主要体现在由国家垄断的对外分保业务合作方面。受到当时中国的政治经济环境变化影响，中国再保险市场经历了较为曲折的发展过程，具体可以划分为 1949—1953 年国民经济恢复期的改造建设，1953—1957 年"一五"计划期间的调整发展，以及 1958 年以后的停滞萎缩三个主要时期。

1. 再保险市场的改造建设（1949—1953 年）

中华人民共和国成立初期，为了适应社会主义中国对保险业和再保险业的定位和需求，人民政府首先开始接管官僚资本保险企业、清理整顿私营保险公司。1949 年 5 月上海解放后，上海军管会开始着手整改本地保险市场，并在颁布保险业管理办法、加强监管措施的基础上，相继批准数十家私营保险公司复业。由于复业阶段的保险企业大多资金基础薄弱、承保能力有限，1949 年 7 月，在军管会的支持下，分保组织"民联分保交换处"在上海成立，负责办理火险的分保业务，当地私营保险公司可自愿选择加入并进行互助合作；同年 9 月，天津市也成立了"华北民联分保交换处"。分保交换处的建立在一定程度上缓解了私营保险企业的资金短缺问题。

此后，政府开始计划建设国家保险机构，以实现对本国保险市场的引导和管理。首先发挥这一职能的机构是于 1949 年 6 月改业复组的中国保险公司，其主要功能包括：办理各私营企业、被接管官僚资本企业和机关的各项保险业务，办理中国进出口贸易相关的外币业务，办理民营保险公司的分保业务，承担超过民联分保交换处自留额以上的再保险业务，并负责处理其他与海外保险公司的再保险合同联系。中国保险公司通过管理市场主体并承担其分保责任，在中华人民共和国成立后再保险市场恢复过程中发挥了重要的作用。

随后，第一次全国财经会议和第一次全国保险工作会议分别于 1949 年 8 月和 9 月召开，这两次会议对于中华人民共和国初期中国保险和再保险市场的发展具有深远的影响。第一次全国财经会议于上海举办，提出由中国人民银行总行牵头筹备建立中国人民保险公司，中国人民银行华东区行牵头整改中国保险公司；第一次全国保险工作会议于北京召开，就中国人民保险公司筹备建立的具体事项和中国保险业的发展规划等问题进行具体讨论，并明确了中国人民保险公司身兼国营保险企业和行政管理机构的特殊性质。这两次会议确立了国营保险公司在市场中的主导地位，为中国再保险市场由私营企业为主向公私合营的转变提供了制度基础。

1949 年 10 月，经中华人民共和国政务院批准，中国人民保险公司于北京挂牌成立，这是中华人民共和国成立后建立的第一家国有保险公司，并在此后深刻影响了中国保险与再保险市场的发展。

机构成立后，中国人民保险公司在整顿国内私营保险业的同时，开始着手发展再保险业务。按照政府规定，国内保险业务在本国范围内实现分散转移即可，不再办理再保险；国际保险业务出于风险管理的要求必须办理再保险，并由中国人民保险公司实行国家垄断经营。当时中国的国际再保险业务得到了苏联和其他东欧社会主义国家的支持。1950—1951年间，苏联、波兰等国与中国人民保险公司签订了多份再保险合约，成为中国主要的再保险业务分出对象。与此同时，中国保险公司经过一系列改组，成为由中国人民保险公司领导的专业涉外保险公司，并专门负责办理与资本主义国家的再保险业务。

这一时期，中国对外进行的再保险业务发展稳定，并充分发挥了分散风险、平衡外汇的作用。如1950年朝鲜战争期间，租赁船只在运送物资途中遭遇国民党海军抢劫，损失数额之大震惊世界保险界。由于此案中的受损物资已由中国保险公司承保，并事先向伦敦再保险市场办理再保险，因此最终通过再保险合约摊回约104万英镑的损失，起到了重要的经济补偿和损失分摊作用。

1952年，民联分保交换处经历两次改组后成立新丰保险公司，只经营直保业务，不再经营再保险业务。同年，外资保险企业在华的业务经营范围受到中国政府的严格限制和监管，企业收入严重缩水，因此陆续申请停业并退出中国保险和再保险市场。至1952年底，中国人民保险公司的再保险业务收入达到344亿元，中国保险公司的再保险业务收入则达到722.2亿元。至此，中国再保险市场形成了国家专营局面。

2. 再保险市场的调整发展（1953—1957年）

"一五"时期（1953—1957年）是中国社会主义改造期，其间中国保险业经历了若干次重大变动，主要包括在农业保险制度、强制保险和保险机构方面的调整，完成了私营保险企业的社会主义改造。这一时期，中国再保险市场的发展方向也做出了相应的调整，并取得了较为明显的发展成果。

1956年，中国保险公司负责的外汇业务和国际再保险业务转由中国人民保险公司管理。同年，中国人民保险公司制定了新的再保险发展方案，指出要在继续进行分出业务的同时注重分入业务，遵循平等互惠的原则，与世界各再保险市场进行分保交换合作；在与苏联和东欧国家维持再保险合作关系的基础上，发展与亚非拉地区发展中国家的再保险业务联系，并加强与资本主义国家的再保险合作。截至 1958 年，中国人民保险公司已与 27 个国家的 54 个保险企业建立了再保险业务合作关系，险种涉及意外险、货运险、航空险、船舶险、信用险、建筑工程险等多个种类，再保险市场发展达到短暂高潮。

3. 再保险市场的停滞萎缩（1958—1978 年）

1958 年 5 月，受到"左"倾冒进主义影响，国家发起"大跃进"和人民公社化运动。同年 10 月，全国财贸工作会议于西安召开，主要讨论了改革中国财贸体系的相关议题。会议提出，人民公社化运动后，保险机制的作用已不复存在，除必须办理的国外保险业务之外，国内的保险业务应当即刻停办。同年 12 月，全国财政会议于武汉召开，会议正式决定立即停办国内保险业务。1959 年 1 月，中国人民保险公司召开了第七次全国保险工作会议，决定落实停办国内保险业务的工作，并对清理善后工作进行部署。国内保险机构被统一撤销，国内不再办理再保险业务，只保留涉外保险和再保业务，转由中国人民银行国外业务局负责管理。

1966 年开始的十年动乱期间，保险被认为是私有经济的市场，再保险则被认为是"帝修反之间的利润再分配"，因此国家提出要彻底停办包括涉外保险和国际再保险在内的全部保险业务。1968 年 12 月，中国的海外再保险业务全部移交给在香港注册成立的民安保险公司代理。

自 1959 年后的 20 年内，中国保险和再保险市场均受到极大打击，国内再保险市场发展陷入停滞。海外再保险业务虽然没有完全停办，但是对外业务往来持续减少，与资本主义国家的分保合作关系逐步中止，与苏联、东欧各国和亚非拉各发展中国家的合作关系也仅处于维持并逐步停办的状态。直至 20 世纪 70 年代中后期，中国再保险市场才重新开始恢复和发展。

3.1.3 第三阶段：法定分保时代（1978—2006 年）

1978 年 12 月，党的十一届三中全会决定实施改革开放政策，将党的工作重点转移到以经济建设为中心的社会主义现代化建设上，中国保险业和再保险业也随之进入恢复发展时期。改革开放后，中国再保险市场经过初步的恢复建设后进入了实行法定分保制度时期。这一时期，中国首家国家再保险公司正式成立，国内再保险市场主体和市场规模均有明显增长，并逐步走上了市场化的发展道路。

1. 恢复建设时期（1979—1988 年）

1979 年 2 月，中国人民银行召开全国分行行长会议，提出要尽快着手恢复国内保险业。同年 4 月，国务院批准《中国人民银行分行行长会议纪要》，并指出"为了使企业和社会发生意外损失时能及时得到补偿，而又不影响财政支出，要根据为生产服务、为群众服务和自愿的原则，通过试点，逐步恢复国内保险"。中国人民银行随后出台《关于恢复国内保险业务和加强保险机构的通知》，对各地相关工作进行具体部署。同年 11 月，全国保险工作会议于北京隆重召开，会议明确了新的环境下中国保险业发展的方针和主要任务，决定于 1980 年正式恢复国内保险业务。同时，再保险作为经济补偿工具的作用也得到了肯定。

会议结束后，保险业务和保险机构的恢复工作在全国各地迅速铺开，再保险业也开始逐渐恢复。作为当时中国唯一一家保险公司，中国人民保险公司开始扩大再保险业务规模，一方面向国际市场分出工程险、财产险和责任险的业务，另一方面积极经营分入业务，吸收海外分保费并加强与国际再保险机构的技术和经验交流。

2. 法定分保时期（1988—2006 年）

20 世纪 80 年代开始，中国直保市场主体逐渐多元化，除原本的中国人民保险公司以外，新疆兵团保险、平安保险、太平洋保险等其他保险企业相继成立，中国再保险市场需求逐渐增加。为稳定国内再保险市场发展，1988 年开始按照《保险企业管理暂行条例》实施国内强制再保险措施。该条例要求国内保险企业至少按照其全部业务的 30%向中国人民保险公司办理再保险手续，并且强调除法律法规另有规定或经国务院批准以外，中国人民保险公司是唯一可以经营国际再保险业务的保险企业。

随后，《中华人民共和国保险法》于 1995 年正式颁布实施，将原定 30%的强制分保比例降低至 20%，并将强制分保制度以立法的形式固定下来。自此，中国再保险市场正式进入法定分保时期，法定强制再保险业务成为内地再保险市场最主要的构成部分。同时规定，"保险公司可以在分业经营的原则下经营分出保险和分入保险"的相关规定，在实际上允许了其他商业保险公司参与经营再保险业务。自此，中国再保险市场由中国人民保险公司垄断的局面被打破，其他保险企业的再保险业务得到了不同程度的发展。

国家再保险经营机构也在这一时期走向了专业化的发展道路。1996年，中国人民保险公司改组为中保集团公司，并在集团下设中保再保险有限公司。中保再保险公司是中华人民共和国成立后的第一家专业性再保险公司，接管由原中国人民保险公司负责的再保险相关业务。1999年，中保集团再次改制，中保再保险公司在原有基础上改组更名为中国再保险公司，负责经营国内法定分保业务，同时兼营国际和国内的其他非法定分保业务。

2001年末，中国加入世界贸易组织，并随后公布了关于实现中国保险业对外开放的承诺。这一承诺的内容涵盖了入世后外资保险企业在中国的设立形式、地域和业务范围等多个方面，并在再保险相关内容中重点提及了逐步取消法定分保制度的目标和步骤：入世后第一年保留各保险公司向中国再保险公司按照20%比例办理的法定分保，并在之后将该比例逐年下调5%，直至4年后（即2006年）完全取消法定分保制度。

同时，该承诺允许外资再保险公司以分公司、合资公司或独资子公司的形式经营再保险业务，并不设地域限制或发放营业许可的数量限制。2002年，中国保监会发布《再保险公司设立规定》，在此明确了中国加入世贸组织后在中国设立再保险公司的条件。2003—2004年间，慕尼黑再保险公司、瑞士再保险公司和德国科隆再保险公司（现在的通用再保险公司）相继通过设立地区分公司的形式进驻中国再保险市场。从此，中国再保险市场正式向外资再保险企业打开大门，初步形成了开放竞争的市场格局。

2006年，持续10年的法定分保制度正式取消，中国再保险市场迈进了商业市场时期。该项制度持续期间，中国法定再保险业务的分保费累计1225.73亿元，已决赔款累计674.80亿元，分保手续费为362.14亿元。经过若干次的机构和政策调整，中国再保险市场已经初步形成了专业兼业经营并存、中外资企业共同竞争的多元化市场竞争格局。

3.1.4 第四阶段：开放竞争与市场化发展（2006年至今）

法定再保险制度取消后，中国再保险市场进入了开放竞争的市场化发展时期。一方面，国际再保险公司加快进入中国市场的步伐，2008年国际金融危机前后，国际再保险市场趋于疲软，众多国际金融机构仍旧看好以中国为代表的新兴市场前景，通过多种形式，积极参与中国再保险市场经营。2008年，法国再保险公司、汉诺威再保险公司先后进入中国，太平集团所属太平再保险公司从香港回归内地。2014 年，美国再保险公司在中国设立分支机构。2018 年，韩国再保险公司获得监管批筹。另一方面，多家中资再保险公司新设，民族再保险业进入多元化发展新时代。2015 年中国太平再保险北京分公司完成改制，成立太平再保险（中国）有限公司；2016 年人保再保险股份有限公司、前海再保险股份有限公司先后获准筹建，2017 年正式运营。中资再保险公司实力显著增强。

当前，中国再保险市场发展效果显著，市场规模持续增长、监管政策不断完善、在国际再保险市场中的地位也不断提升。中国再保险市场正在发生深刻的变化，主要表现为如下几方面。

1. 政策有鼓励

国家政策支持力度不断加大，为再保险市场发展提供了有力的政策基础。

再保险在保险业乃至整个经济社会发展中的不可替代作用正得到政府和社会各界更多的关注和认同。早在 2006 年国务院颁布了《国务院关于保险业改革发展的若干意见》（简称"国十条"），其中提及要加快发展再保险，并促进再保险市场与直接保险市场协调发展。2013 年，我国提出"一带一路"国家倡议，要求建立服务于"一带一路"的长期、稳定、可持续、风险可控的金融保障体系，从而对再保险市场强化风险分散和管控作用提出了更高的要求。2014 年，国务院印发了《国务院关于加快发展现代保险服务业的若干意见》（新"国十条"），其中首次用专门段落描述"加快发展再保险市场"的相关内容："增加再保险市场主体。发展区域性再保险中心。加大再保险产品和技术创新力度。加大再保险对农业、交通、能源、化工、水利、地铁、航空航天、核电及其他国家重点项目的大型风险、特殊风险的保险保障力度。增强再保险分散自然灾害风险的能力。强化再保险对我国海外企业的支持保障功能，提升我国在全球再保险市场的定价权、话语权。"2017 年，第五次全国金融会议和党的十九大均提出大力发展实体经济，从而要求再保险充分发挥长期稳健风险管理和保障的功能，促使再保险市场积极参与国家风险管理体系建设并发挥重要作用。国家对再保险市场的重视程度不断提升，为再保险市场发展提供了良好的政策环境和发展空间。

2. 市场有发展

中国再保险市场成为全球最重要的新兴再保险市场之一。

（1）从保费规模看，2017年中国再保险市场中专业再保险公司分保费收入合计1097亿元，与2006年261亿元的分保费收入规模相比增长超过3倍，2006年以来年均复合增长率约14%。其中，中资再保险公司呈现快速发展势头，2017年中资再保险公司分保费收入行业占比72.2%，较2013年的48.5%大幅提升。

（2）从市场主体看，截至2017年，中国再保险市场中共有11家专业再保险公司，其中包括5家中资企业［中国人寿再保险公司、中国财产再保险公司、前海再保险公司、人保再保险公司、太平再保险公司（中国）］、6家外资企业（瑞士再保险公司、慕尼黑再保险公司、汉诺威再保险公司、法国再保险公司、通用再保险公司、美国再保险公司），另外还有世界各大再保险市场的超过200家保险/再保险公司均通过各种渠道直接参与了中国再保险市场的相关业务，中国再保险市场参与主体不断扩大。

（3）从社会效益看，再保险保障经济社会发展中的作用进一步凸显。在应对重大风险事故方面，再保险发挥了重大作用。比如，2013年9月的韩国SK海力士无锡工厂火灾和发生于2015年8月的天津港爆炸事故。这两起事故均具有金额大、损失大、分保复杂、涉及面广的特点，其中前者导致了9亿美元的保险赔付，后者最终赔付额可能超过100亿元。巨额损失的赔付大部分通过再保险机制进行分散，保障了直保公司的平稳运行与社会生产的迅速恢复。

3. 监管有支持

再保险市场准入条件和监管要求进一步规范，为再保险市场发展提供了制度基础。

（1）在市场准入方面，2002年，保险监管机构颁布了《再保险公司设立规定》，明确了中国境内再保险公司设立的条件。这是我国保险监管体系中最早出现的专门针对再保险公司的监管规则。2015年，发布了《中国保监会关于实施再保险登记管理有关事项的通知》，再保险登记制度正式建立，进一步规范中国再保险市场的离岸再保险人。2018年，银保监会发布《保险公司偿付能力监管规则——问题解答第1号：偿付能力监管等效框架协议过渡期内的香港地区再保险交易对手违约风险因子》的通知，通知明确了内地直接保险公司向香港地区合格再保险机构分出再保险业务时，应适用的偿付能力评估信用风险因子。等效条款的试行标志着对境外香港的离岸再保险人享有境内再保险公司同等待遇，内地与香港再保险市场开放与融合进一步提升。

（2）在监管制度方面，建立起适合再保险业务特征的监管制度，2015年《再保险业务管理规定》完成修订并发布实施，2017年就《再保险业务管理规定》又进行了修订，并向各行业主体广泛征求意见。2015年《保险公司偿付能力监管规则（1—17号）》正式印发，就再保险公司保险风险最低资本计算做了详细规定，目前正在开展"偿二代"二期工程，将研究制定再保险业务偿付能力监管规则作为其中的重要研究课题。

（3）在监管政策方面，保险监管机构大力支持再保险行业发展，2016年发布的《中国保险业发展"十三五"规划纲要》中，进一步明确加快发展再保险市场，提出了支持再保险市场发展的一系列重要举措。

3.2　中国再保险市场供给主体

中国境内再保险提供方主要由境内再保险公司、离岸再保险市场、直保公司等组成，其中境内再保险公司11家，离岸再保险公司200多家。此外，再保险经纪人在撮合再保险交易中发挥重要作用。目前我国已经初步形成了以境内再保险公司为主，外资再保险公司为辅，离岸再保险人为补充的多元化再保险市场体系。

3.2.1　境内专业再保险公司

专业再保险公司是最主要的再保险提供方。与直保公司相比，专业再保险公司拥有着丰富的专业技术经验，能够向分出人提供费率厘定、理赔、账务处理以及培训等方面的技术支持。再保险人通过再保险服务帮助分出人解决技术、经验不足的问题，同时达到培育市场、维护客户关系、获取业务的目的。

目前，中国专业再保险公司呈现"5+6"的格局。其中"5"代表5家中资再保险法人机构，"6"代表境外再保险法人在中国境内注册的分支机构。近两年，尽管中资再保险主体发展较快，但与国际再保险市场相比仍有明显的差距。

表 3.1　2013 年中国境内专业再保险机构概览（单位：亿元）

类别	公司名称	设立时间	注册性质	保费收入	市场份额
中资	中国财产再保险股份有限公司	2003 年	股份公司	231.63	21.11%
	中国人寿再保险股份有限公司	2003 年	股份公司	442.08	40.30%
	太平再保险（中国）股份有限公司	2015 年	股份公司	30.38	2.77%
	前海再保险股份有限公司	2016 年	股份公司	39.88	3.64%
	人保再保险股份有限公司	2017 年	股份公司	32.19	2.93%
外资	慕尼黑再保险公司	2003 年	分公司	89.80	8.19%
	瑞士再保险股份有限公司	2003 年	分公司	97.93	8.93%
	德国通用再保险股份公司	2004 年	分公司	18.91	1.72%
	法国再保险公司	2008 年	分公司	47.86	4.36%
	汉诺威再保险股份公司	2008 年	分公司	60.34	5.50%
	美国再保险公司	2014 年	分公司	6.04	0.55%
合计				1097.03	100.00%

资料来源：中国保险行业协会网站。

表 3.2　2017 年中国境内专业再保险机构概览（单位：亿元）

类别	公司名称	设立时间	注册性质	保费收入	市场份额
中资	中国财产再保险股份有限公司	2003 年	股份公司	284.22	29.56%
	中国人寿再保险股份有限公司	2003 年	股份公司	182.61	18.99%
外资	慕尼黑再保险公司	2003 年	分公司	121.00	12.58%
	瑞士再保险股份有限公司	2003 年	分公司	177.00	18.41%
	德国通用再保险股份公司	2004 年	分公司	3.70	0.38%
	法国再保险公司	2008 年	分公司	38.00	3.95%
	汉诺威再保险股份公司	2008 年	分公司	142.00	14.77%
	太平再保险股份有限公司（香港）	2008 年	分公司	13.00	1.35%
合计				961.53	100.00%

资料来源：中国保险行业协会网站。

（1）从保费规模看，如表 3.1、3.2，截至 2017 年，中国境内再保险公司保费收入规模合计 1097 亿元，较 2013 年增长 14%，而同期直保业务规模翻了一番，再保险公司保费增长滞后于直保公司；再保险公司的保费收入规模约为直保市场规模的 3%，市场仍然比较弱小，仍处于发展的初级阶段；得益于多家中资再保险主体设立，中资再保险主体逐步占据市场，再保险保费份额从 2013 年的 48.6%增长至 2017 年的 70.8%，壮大了中国民族再保险的实力。

（2）从险种分布看，如图 3.1 所示，大类险种结构中，财产险业务和寿险业务是最主要的分保费收入来源。2017 年再保险公司财产险业务分保费收入 517.54 亿元，同比增长 8.81%；寿险业务分保费收入 390.03 亿元，同比增长 11.74%；健康险业务分保费收入 143.96 亿元，同比增长 29.05%；意外险业务分保费收入 48.43 亿元，同比增长 11.62%。近两年，再保险市场上四类大类险种结构稳定，财产险业务与寿险业务收入占市场的 80%以上，健康险及意外险业务占比不到 20%。具体来看，2017 年财产险业务分保费收入占比 47%，较 2016 年占比下降了两个百分点；2017 年健康险业务分保费收入占比有小幅上升，较 2016 年占比上升了两个百分点，占比达到 13%；近两年寿险业务及意外险业务分保费收入占比保持稳定，分别约为 36%和 4%。

图 3.1　2016—2017 年再保险市场按险种分保费收入及同比增长（单位：亿元）

资料来源：中国银保监会网站。

如图 3.2、3.3、3.4 所示，具体到险种细项，主要以传统的再保险为主，分保项目也大多集中在传统险种上。财产再保险业务的险种主要集中在机动车辆险、企业及家庭财产险、农业险等，巨灾再保险、特殊风险再保险等创新再保险产品还处于起步和探索阶段。现阶段，前三大险种分别为车险、责任险、农业险。人寿再保险业务以寿险为主，同时也覆盖了健康险和意外险。比例合约分保比重较大，技术含量较高的超额分保合约业务规模相对较小。同时，人寿再保险中很大比重为财务再保险业务，保障型再保险业务相对较少。比如，某寿险再保险公司 2017 年境内财务再保险占比54%，保障型再保险占比仅为 16% 且长期稳定。

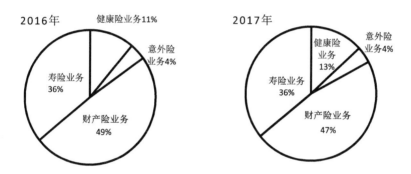

图 3.2　2016 年、2017 年再保险市场险种结构占比

资料来源：中国银保监会网站。

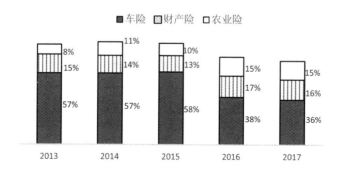

图 3.3　2013—2017 年典型财险再保险公司境内业务主要险种占比

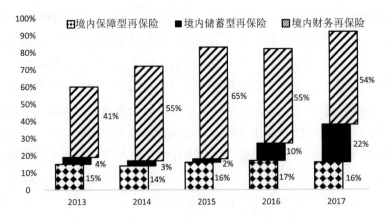

图 3.4　2013—2017 年典型寿险再保险公司境内主要险种占比

（3）从盈利能力看，如图 3.5 所示，2017 年中国境内再保险公司净利润合计 22.3 亿元，仅相当于直保市场净利润的 0.87%。2017 年，11 家再保险主体中有 5 家公司净利润出现不同程度的亏损，其中包括境内外资再保险主体 3 家以及新增再保险主体 2 家。

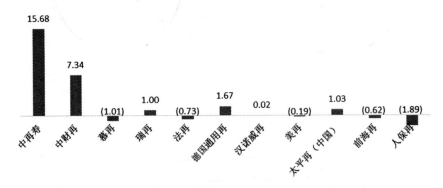

图 3.5　2017 年境内再保险主体净利润情况（单位：亿元）

资料来源：中国保险行业协会网站。

（4）从资本回报率看，如表 3.3 所示，2016 年的投资收益率较前几年有所下降。2016 年 3 家再保险公司的资本回报率为负值，说明该年度这几家净利润为负，处于亏损状态；其余几家公司的资本回报率均处于 5%以上，其中 2 家公司的资本回报率超过了 10%，分别为通用再保险公司（12.93%）和汉诺威再保险公司（11.57%）。

表 3.3　2012—2016 年境内再保险供给主体资本回报率

年份	中再财	中再寿	太平再	慕再	瑞再	德国通用再	法再	汉诺威再	美再	前海再
2012	15.32%	6.52%	71.33%	90.56%	35.31%	2.64%	-7.77%	10.42%		
2013	11.21%	13.34%	-21.09%	28.69%	26.50%	7.20%	5.04%	-0.63%		
2014	10.71%	14.11%	66.33%	62.26%	20.36%	9.15%	27.91%	8.45%	-5.01%	
2015	15.11%	22.73%	13.04%	11.38%	8.67%	-21.23%	0.71%	5.04%	-4.97%	
2016	6.87%	9.73%	7.52%	-4.87%	7.57%	12.93%	5.98%	11.57%	-11.45%	-1.33%

资料来源：《中国保险年鉴》2012—2016 各期。

（5）从业务来源的区域分布看，境内外资公司在华分支机构，其分入业务主要来自中国境内。目前，从境外承接再保险业务的境内专业再保险公司主要是中再财、中再寿、人保再、前海再。由于后两家成立时间较短，国际业务规模有限，主要以中再财、中再寿为主。尽管国际业务总体比重仍然较低，但无论是规模还是占比均呈现出快速增长的态势。境外业务主要来自亚洲地区，但逐步呈现北美、亚洲、欧洲均衡分布的态势。

3.2.2　直保公司

按照监管规定的业务范围，直接保险公司也可以接受再保险分入业务。一些直接保险公司考虑到接受分入业务所需要的专业技术和经验，对接受分入业务保持谨慎态度，主要以维持合作关系的交换业务为主。而个别直保公司也将接受分入业务作为一个重要的保费业务来源，倾向于接受各种临分和合同业务。通常来讲，直保公司的分入业务主要是比例分保。

2017 年直保公司原保费收入 36581.01 亿元人民币，其中分入保费仅为 221 亿元，分入保费仅为原保费收入的 0.6%，再保险业务仅为直保公司业务的一小部分。但是对分出规模有限的再保险市场，这一规模也相当于专业再保险公司总保费的 20%。其中，分入保费中有 121.77 亿元都来源于财险公司，寿险公司分入保费为 99.28 亿元。

3.2.3　离岸再保险主体

长期以来，离岸再保险市场作为一个整体也是我国重要的再保险供给群体。根据相关数据进行估算，2017 年直保公司分出保费约 1500 亿元，再保险公司分保费收入约 1100 亿元，直保分入约 221 亿元，考虑境内分入业务后约有 270 亿元保费流入离岸再保险市场，约占整个分出规模的 18%。可以看出我国境内再保险分出业务，有相当一部分被离岸再保险主体分割，从中国市场接受再保险分入业务的离岸再保险人超过 200 家，分布于世界各大再保险市场。这些离岸再保险主体主要分布于欧洲、北美和亚洲的再保险中心。其中，以伦敦、百慕大和新加坡三大再保险中心最具代表性。

伦敦是世界再保险市场提供巨灾风险保障的中心。其接受的再保险业务主要来源于国外。以劳合社为例，美国的业务占 60%，其中大部分业务以美元成交；其余 40% 的大部分业务来源于世界 100 多个国家和地区的 2000 多个保险公司，只有少量业务来源于本地。伦敦再保险市场上的大型专业再保险公司通常隶属于英国的大保险集团或者是外国再保险公司的分支机构。

百慕大是全球保险以及再保险市场的聚集地，其发展至今已经有 60 多年的历史。百慕大凭借其宽松的监管环境、优惠的税收政策、优越的地理位置等优势不断发展，形成了在全球举足轻重的再保险市场。根据 A.M. Best 发布的 2017 年全球再保险公司前 50 强数据，百慕大的再保险公司就占据了 11 个。

新加坡是东南亚国家联盟中的首要再保险市场，同时也是亚洲的再保险中心。截至 2012 年，新加坡市场拥有 48 个在新加坡注册的专业再保险公司、8 个综合再保险公司以及 18 个劳合社承保辛迪加等。伴随着新加坡再保险市场的不断完善和扩大，其承保能力和服务转介客户的能力也日渐增强，新加坡再保险市场在全球再保险市场所占的份额也不断增长。

3.2.4　再保险经纪人

再保险中介作为保险中介的重要组成部分，是再保险市场的保险需求方和供给方的重要桥梁。再保险经纪人聚集了较多的再保险专业人才，他们有丰富的专业知识和实务经验并且对全球各地市场情况比较熟悉，作为信息传递中介，能够为再保险供需双方提供更丰富的交易信息，增进了解，进而可以安排出最佳的再保险方案，提高再保险成交率，加快成交速度。同时再保险经纪人也提供包括代收保费、代付赔款和互惠交换业务等在内的服务。截至 2016 年底，我国已经有 483 家保险经纪公司。

　　活跃在我国再保险市场上的经纪人可以分为两类，一类是保险经纪公司的再保险经纪部，华泰保险经纪公司于 2001 年开始再保险经纪业务，是国内最早开展再保险业务的中资保险经纪公司，同时全球三大保险经纪公司美国达信（Marsh）、怡安（Aon）及英国韦莱集团（Willis）也已经登陆中国；另一类是专业再保险经纪公司，2015 年我国成立了第一家专业的再保险经纪公司——江泰再保险经纪公司。

3.2.5　中国再保险市场竞争分析

　　在境内再保险市场的各类供给主体中，中资再保险专业公司是中国再保险市场发展的中坚力量，也是重要的再保险提供方。2014 年新"国十条"发布以来，中资公司的市场份额不断攀升，2017 年中资再保险机构保费规模占比 70.8%，较 2013 年大幅提升 22.2 个百分点，初步扭转了外资机构在中国再保险市场"唱主角"的局面。目前开业运营的中资再保险公司共5 家，分别是中国人民保险集团旗下的人保再保险公司、中再集团旗下的中再财险和中再寿险、太平集团旗下的太平再保险公司（中国）以及前海再保险公司。特别是在服务国家战略安全项目、大型军工项目、一带一路项目等方面，中资机构发挥着重要作用。

　　外资再保险公司在华分支机构，其总公司多为全球市场领先的大型专业再保险机构，目前有 6 家在国内设立分公司，依托自身的强劲技术实力及市场号召力，多年来掌控了国内再保险市场部分重点合约的首席地位或较大份额。特别是，出于对中国市场竞争的担忧，部分外资公司自 2017 年以来开始收缩内地分入业务，也是外资机构市场份额快速下降的一个重要因素。

　　作为国内再保险市场的第三类参与方，离岸市场的一部分主体专门经营特定险种或风险领域，在诸多高风险及新兴险种细分市场提供再保险保障以及最新的产品开发；而另一部分则作为市场跟随者，补充市场承保能力。此类离岸市场往往投机性较强，快进快出，无法提供长期稳定的再保险服务。

3.3　全球再保险版图下的中国再保险市场

A.M. Best 评级公司每年 9 月会对上一年度全球再保险公司发展情况进行回顾，并公布全球再保险 50 强榜单。随着中国再保险市场快速发展，以中再集团、人保再保险公司、太平再保险公司、鼎睿再保险公司为代表的中资再保险公司，已先后达到前 50 强门槛，其中中再集团已经进入前八位。得益于中国市场的持续增长以及国际市场的停滞，未来中资再保险公司在国际市场上的排名会稳步提升。

从全球再保险竞争版图看，综合实力最强、发展态势较为稳定的再保险公司保费收入均超百亿美元，主要以瑞再、慕再为领头的"2 超 6 强"共 8 家公司，除中再集团外其余均为欧美公司。全球再保险 50 强具有鲜明的梯队特征，如图 3.5、3.6 所示，2018 年全球再保险 50 强（2017 年数据）保费规模 2627 亿美元，其中第一梯队再保双雄瑞再和慕再处于显著领先地位，保费规模超过 300 亿美元，是第二梯队的 2～3 倍，正常年景下综合成本率长期均值落在 90%～95% 区间，呈现出良好的发展态势；第二梯队百亿军团共 6 家公司，包括汉诺威再保险公司、法国再保险公司、伯克希尔·哈撒韦、劳合社、美国再保险、中再集团，其中中再集团 2017 年最新跨入百亿军团，第二梯队整体经营情况稳定，除中再集团外，正常年景综合成本率在 89%～94% 之间；第三梯队保费规模超过 40 亿美元，共 7 家公司，但经营效益差异较大，其中亚洲有韩国再保险公司、印度再保险公司（GIC）两家跻身第三梯队，欧美公司承保效益与领先公司无明显差异；第四梯队保费规模超过 10 亿美元，经营总体上稳定，并出现多家经营效益非常好的精品型明星公司；第五梯队保费规模有限，且经营差异非常大，近半公司承保亏损。

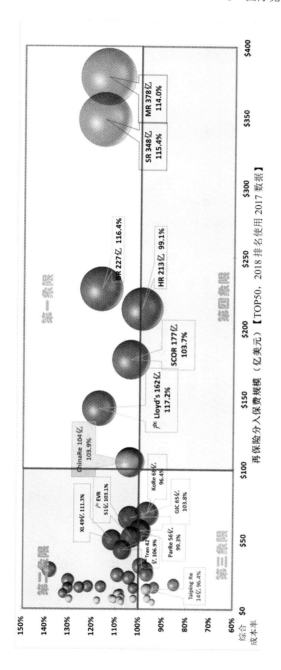

图 3.6　2018 年全球再保险 50 强（2017 年数据）

注：SR：瑞士再保险
MR：慕尼黑再保险
HR：汉诺威再保险
SCOR：法国再保险
BH：伯克希尔·哈撒韦
产 Lloyd's：劳合社
寿 RGA：美国再保险
ChinaRe：中国再保险
Kore：韩国再保险
资料来源：A.M.Best Database。

产 Tran：大西洋再保险
寿 GWL：泛西寿再保险
PaRe：帕特纳瑞再保险
产 EVR：艾弗再保险
TpRe：太平再保险
PeakRe：鼎睿再保险
XL：信利集团
ACR：亚洲资本再保险
GIC：印度再保险

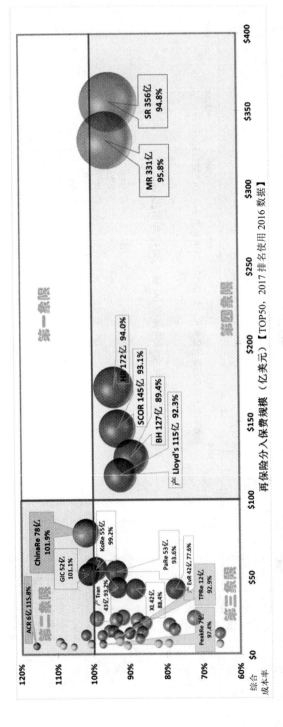

图 3.7　2017 年全球再保险 50 强（2016 年数据）

再保险分入保费规模（亿美元）【TOP50，2017 排名使用 2016 数据】

资料来源：A.M.Best Database。

注：图中公司英文名称注解同图 3.6 注释。

总体看，全球再保险市场竞争版图呈现上层固化、下层动荡的发展特征，第一、第二梯队长期保持不变，历年只呈现出排名的细微差异；第三、第四梯队呈现出一定的波动性，且排名靠后的公司波动大。从历年全球再保险50强榜单统计看，10亿美元是专业再保险公司经营稳定性的门槛值，这也是民族再保险公司走向国际化竞争的一个重要条件，达到了这个规模门槛，业务的自平衡性就有了较大的保障；第五梯队公司"非进则退"，历年进入榜单这一区域的公司有很大差异（见图3.8）。全球再保险公司竞争格局与直保市场有着较大差异，"百年稳定格局"反映了再保险商业模式的特殊性，也意味着如果没有新市场的崛起，国际再保险行业就很难打破固有的国际竞争格局。

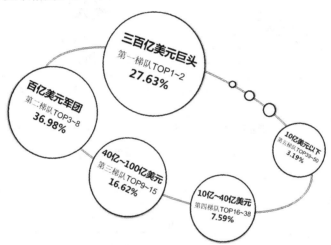

图 3.8 全球再保险 50 强各梯队情况（2017 年数据）

资料来源：A.M.Best Database。

站在全球视角，中国再保险市场是全球再保险市场未来的"希望之光"。目前，全球50强中欧美公司占比84%。但新兴市场特别是亚洲正在成为日益重要的再保险分出业务来源地，也正得益于再保险分出资源优势，中再、韩再以及印度再才能跻身全球前 15 强。未来随着再保险需求格局（分出市场）的变化，势必将影响供给端的结构重构。从全球直保市场格局看，2017 年中国首次超过日本成为全球第二大保险市场，保费前三的地区分别为美国（1.38 万亿美元）、中国（5414 亿美元）、日本（4221 亿美元）。

如图3.9、图3.10所示，全球保险业直接保费收入实际增长率为1.5%（过去10年平均增速为1.4%），其中寿险保费增长率为0.5%（过去10年平均增速为0.9%），非寿险增长率为2.8%（过去10年平均增速为2.1%）。相比

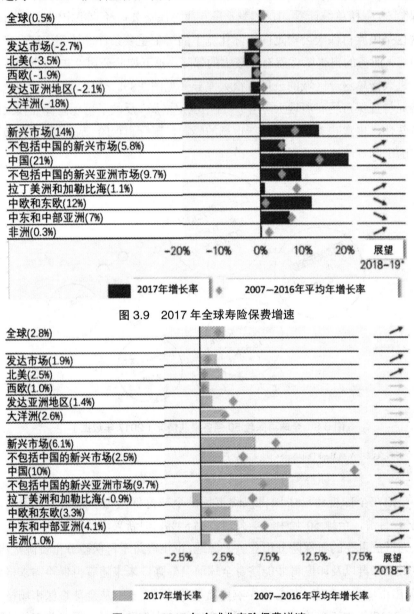

图3.9   2017年全球寿险保费增速

图3.10   2017年全球非寿险保费增速

资料来源：*Sigma*。

之下,中国和印度等新兴市场年均超过 10 个百分点的增长速度强劲支撑了全球保险以及再保险业发展。展望未来,全球寿险业务保费增速将有所改善,而新兴市场的中国和印度依然是寿险的增长引擎。全球非寿险业将保持温和增长,新兴市场有望保持强劲增长。瑞再 *Sigma* 杂志 50 周年专刊指出,中国是全球保险市场的最大增长来源,由于人口和经济规模庞大,得益于中国保险深度大幅提高和强劲的经济增长,至少未来 10 年中国仍是新兴市场中对全球保险市场贡献最大的国家。

　　从过去 5 年发展看,中资背景的再保险主体均呈现出良好的发展势头,在全球 50 强的排名均呈现稳中有进的趋势。未来在全球再保险竞争版图中,中国再保险市场将日益扮演重要的角色。依托全球增长最快的再保险市场,未来中资再保险公司具备重塑全球再保险传统竞争版图的潜力(如表 3.4)。

表 3.4　2014—2018 年全球再保险 50 强中资再保险主体榜单排名

全球再保险 50 强上榜时间	2014	2015	2016	2017	2018
中再集团	8	8	8	8	8
太平再保险公司	—	42	37	36	34
鼎睿再保险公司	—	—	50	43	36

　　资料来源:A.M.Best Database。根据公开数据,正式运营仅两年的人保再保险公司以及前海再保险公司,保费收入均已超过 7 亿美元,超过了 5 亿美元的 50 强门槛值。预计在不远的将来,保费收入就会跨越 10 亿美元这个重要关口。

4 中国财险再保险市场需求分析

作为保险产业链和生态圈的一个重要组成部分，中国再保险市场建设和发展归根结底离不开直保市场的发展。中国再保险业的商业模式和盈利能力显著弱于国际水平，在很大程度上是由中国保险市场发展阶段决定的，受到需求方行为（直保公司）影响较大，再保险市场仍是一个典型的买方市场。尽管再保险市场是一个机构间市场，需求行为较为理性，但直保公司对再保险需求重点以及分保方式与发达国家存在显著差异。这种差异从一个侧面表明，中国再保险市场建设与发展仍然任重而道远。我们依据公开数据，从需求角度对现阶段直保公司的再保险需求状况以及行为特征进行了概括与分析。

4.1 财险公司的再保险需求特征

近年来，中国财险市场呈现良好的增长态势，始终保持两位数的增长速度，2017年财险公司原保费收入突破万亿元，达到10541.38亿元。快速增长的直保市场为再保险市场发展打下了坚实的基础。财险公司的分保比例、再保成本等是再保险市场重要的需求特征。从数据统计（2017年）看，中资财险公司与外资财险公司在分保比例、再保险成本率等方面存在显著差异（如图4.1）。外资财险公司由于经营策略、业务结构以及管理等方面受境外母公司控制，更加注重利用再保险工具实现经营目标，因此分保比例、再保险成本率等指标均高于中资财险公司。比如，2017年平均分保比例中资、外资分别为8.26%、30.49%；2017年平均再保险成本率中资、外资分别为0.49%、−0.05%。

在本章以及下一章节中，"市场份额"为某财险公司保费收入/所有财险公司保费之和。"分保比例"等于某财险公司分出保费/该财险公司保费收入。"再保险成本"是指从分出公司角度衡量的，为覆盖再保险风险而付出的对价，即某一年度内购买再保险产品的净费用，用"分出保费－摊回赔付支出－摊回保险责任准备金－摊回分保费用"近似替代。"再保险成本率"等于某财险公司再保险成本/该财险公司保费收入，代表该公司再保险风险管理成本的高低。考虑再保险赔款进展周期，成本分析时采用多年均值，尽力减少单一年份的误差，以近似刻画中国再保险市场需求主体的行为特征。所用数据全部来源于各公司公开披露的信息。

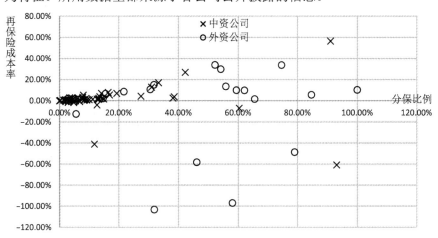

图 4.1　2017 年财险行业中资、外资公司分保情况对比

资料来源：根据保险年鉴、保险行业协会公开信息整理。

4.1.1　中资险企分保比例概况

为更好地刻画中资直保公司的再保险需求特征，以保费规模为标准，按照保费收入 100 亿元、1000 亿元进行了分组。其中 2017 年保费规模在 1000 亿元以上的中资公司列为第一梯队：人保财险、平安财险、太保财险；保费规模在 100 亿元至 1000 亿元的中资公司列为第二梯队：国寿财产、中华联合、大地财产、阳光财产、太平财产、天安、华安；保费规模 100 亿元以下的中资公司列为第三梯队。

2017 年中国财险行业平均分保比例为 8.26%（行业总分出保费/总保费收入）。从表 4.1 中可以看到，第一梯队的财险公司分出保费都在 100 亿元以上，分保比例基本上处在平均值水平附近。人保财险、平安财险、太保财险等三家公司的规模非常大，属于中国财险市场的"老三家"。"老三家" 2017 年的保费收入占当年中资市场 65.98%的份额，占当年境内市场 64.26%的份额，三家公司分保比例会对整个财险市场的平均分保比例具有较大影响。

表 4.1　2017 年中资财险公司分保情况（单位：亿元，%）

公司	保费收入	分出保费	分保比例	再保成本率	公司	保费收入	分出保费	分保比例	再保成本率
人保财险	3503.14	289.96	8.3	0.4	锦泰财产	16.65	0.52	3.1	0.5
平安财险	2160.90	142.94	6.6	0.1	华海财产	15.64	0.53	3.4	2.8
太保财险	1057.39	139.62	13.2	1.2	泰山财险	15.51	0.85	5.5	-0.1
国寿财产	662.50	56.27	8.5	0.7	众诚保险	13.84	1.64	11.9	-41.1
中华联合	389.44	26.81	6.9	-0.8	中煤财产	13.68	1.54	11.3	1.5
大地财产	372.68	28.76	7.7	1.3	泰康在线	12.56	1.71	13.6	3.8
阳光财产	336.51	7.31	2.2	-0.8	安信农业	11.32	0.92	8.1	5.3
太平保险	226.39	34.03	15.0	1.6	中原农业	11.31	0.34	3.0	0.0
天安	142.24	4.41	3.1	0.4	诚泰财产	10.32	0.89	8.6	1.2
华安	115.70	5.21	4.5	1.2	前海联合	10.24	0.27	2.7	0.9
中银保险	95.44	8.59	9.0	2.2	燕赵财产	8.49	0.79	9.3	0.7
永安	84.86	2.49	2.9	-1.5	易安财产	8.48	0.02	0.3	0.2
英大财产	83.35	12.19	14.6	2.4	安心财产	7.95	0.11	1.4	0.7
华泰	82.57	10.98	13.3	2.4	铁路自保	7.84	3.00	38.3	2.5
永诚	64.98	11.04	17.0	5.4	长江财产	7.68	2.97	38.6	3.7
众安财产	59.54	2.49	4.2	2.7	中石油专属	6.05	1.88	31.1	12.8
紫金财产	51.61	1.69	3.3	0.5	恒邦财产	5.29	0.29	5.5	1.6
安华农业	50.66	6.43	12.7	-3.9	鑫安汽车	5.21	1.74	33.4	16.9
国元农业	47.72	1.47	3.1	0.9	珠峰财险	4.16	0.32	7.7	2.0
都邦	42.12	0.94	2.2	0.1	海峡金桥	3.79	0.30	7.9	3.2
安诚	41.51	0.72	1.7	0.5	中路财产	3.76	0.32	8.5	1.1
鼎和财产	40.25	5.13	12.7	1.6	久隆财产	2.55	0.49	19.4	6.9
渤海	38.66	2.44	6.3	2.8	建信财产	2.45	0.35	14.2	7.0
浙商财产	37.38	0.81	2.2	0.9	中远海自保	2.02	1.88	93.2	-60.8
阳光农业	33.61	5.55	16.5	7.8	东海航运	1.74	1.05	60.4	-7.1
信达财险	32.59	1.57	4.8	-1.7	阳光信用	1.28	0.00	0.0	0.0
亚太财险	31.57	1.51	4.8	1.5	合众财产	1.10	0.00	0.0	0.0
长安责任	31.27	3.16	10.1	1.0	众惠相互	0.67	0.18	27.6	4.2
富德财产	21.01	0.47	2.2	0.8	粤电自保	0.10	0.09	91.2	56.5
北部湾财产	20.48	1.25	6.1	2.4	汇友互助	0.05	0.02	42.3	26.9
华农	16.86	0.35	2.1	1.0					

资料来源：根据保险行业协会公开信息整理。

在第二梯队中，只有太平财产和国寿财产的分保比例超过市场平均值，其他 5 家财险公司的分保比例均低于平均值，阳光财产、天安、华安的分保比例甚至不到 5%。天安自 2005 年以来平均分保比例为 18.26%，而其 2017 年分保比例 3.1%却是 13 年来的最低值。华安历年的平均分保比例为 3.34%，2009 年至 2016 年华安的分保比例没有超过 2.32%，2017 年分保比例 4.5%已经是 8 年来最高值。阳光财产历年平均分保比例为 6.83%，其 2016 年、2017 年的分保比例都不超过 2.3%。

第三梯队的分保比例差异极大，组内分保比例的均方差达到 19.96%。其中分保比例低于 5%的有 19 家，占这一梯队的 37.25%；分保比例介于 6%～10%的有 11 家，占这一梯队的 21.57%；分保比例超过 10%的有 21 家，占这一梯队的 41.18%。第三梯队基本上属于小型保险公司，资本规模小，抵御巨灾风险能力较弱，通过购买再保险变相可以改善偿付能力并获得技术支持。可以看出有 25 家小型公司（占该梯队 49%）的分保比例都超过市场平均值。另一方面，开业时间短的保险公司基本都集中在第三梯队，这些公司经营时间短，准备金积累有限，客观上对再保险风险管理的外部依存度较高。

按照 2017 年的情况来看，第一梯队"老三家"的再保险成本率相对来说非常低，第二梯队的再保险成本率相比第一梯队稍高，第三梯队里集中了中资财险市场里所有分保比例超过 30%的公司，有铁路自保、长江财产、中石油专属保险、鑫安汽车、中远海自保、东海航运、粤电自保。

4.1.2　外资险企分保比例概况

对外资险企按照保费收入以 10 亿元为分界线划分为两个梯队，其中 10 亿元以上的外资险企为第四梯队，10 亿元以下的外资险企为第五梯队。

2017 年，外资财险主体的总体分保比例达到 30.49%，但是外资分保比例差距很大，均方差高达 28.06%，分保比例最低的是利宝互助（2.9%）；分保比例最高的是劳合社（100%），接下来依次是瑞再企商（84.7%）、乐爱金（79.0%）、安联（74.7%）。外资公司中分保比例极低的基本集中在第四梯队，利宝互助（2.9%）、爱和谊（5.0%）、国泰财产（5.4%）、安盛天平（5.6%）。可以看到，保费收入在 10 亿元以下的外资险企的分保比例都在 30%以上（见表 4.2）。

表 4.2　2017 年外资财险公司分保情况（单位：亿元，%）

公司	保费收入	分出保费	分保比例	再保成本率	公司	保费收入	分出保费	分保比例	再保成本率
安盛天平	81.29	4.54	5.6	-12.5	东京海上	9.73	3.10	31.8	15.1
劳合社	22.12	22.12	100	10.3	史带财产	7.32	4.09	55.8	13.5
中航安盟	21.34	3.14	14.7	2.2	安达保险	7.17	3.74	52.2	33.8
美亚	16.33	10.14	62.1	9.9	苏黎世	7.13	4.24	59.4	10.0
利宝互助	15.53	0.45	2.9	2.2	日本财产	6.22	3.37	54.1	29.7
国泰财产	13.03	0.70	5.4	1.8	中意财产	6.04	1.85	30.6	10.7
三井住友	12.75	2.77	21.8	8.6	瑞再企商	2.41	2.04	84.7	5.7
安联	10.77	8.04	74.7	33.7	现代财产	1.80	1.05	58.1	-97.0
富邦财险	10.65	1.65	15.5	6.7	乐爱金	1.20	0.95	79.0	-48.7
爱和谊	10.02	0.50	5.0	1.5	日本兴亚	0.62	0.20	31.9	-103.2
三星	9.89	4.56	46.1	-58.3	信利保险	0.39	0.26	65.6	1.5

资料来源：根据保险行业协会公开信息整理。

值得注意的是，分出比例在 30%以下的除了利宝互助和爱和谊外都有中资股权，安盛天平和中航安盟有 50%中资控股，国泰财产和中意财产有51%中资控股，富邦财险有 20%中资控股。很多外资独资公司的分保行为要受境外母公司管理，通常会将业务分回境外集团。

从需求上看，尽管外资财险主体分保比例显著高于内资主体，但是由于其总规模较小、分出对象主要是国际市场甚至母公司，短期内在中国再保险市场的影响有限。中国再保险市场的未来发展，主要还是受到中国直保公司需求行为影响，特别是第一、第二梯队公司。

4.1.3　财险公司再保险成本分析

按照上文对再保险成本的定义，当一个保险公司的再保险成本为正时说明有净分保"支出"，当再保险成本为负时说明有净分保"收入"。但是由于再保险合约的存续周期较长，赔款发展周期也长于直保业务，单独看某公司某年度的再保险成本不能判断出该公司再保险管理效能，这一指标要从更长的时间跨度才能进行更合理的分析。

根据 2017 年公开数据计算，当年中资财险市场所有公司的再保险成本总计为 49.72 亿元，2017 年的财险市场保费收入为 10186.66 亿元，财产保险公司平均再保险成本率为 0.49%。其中 10 家公司的再保险成本为负数，意味着摊回款项金额大于分出保费规模，从再保险公司净摊回各项费用及赔款最多的达到了 5.69 亿元，该公司相应的再保险成本率为-41.13%。其余 51 家为正数，意味着摊回款项金额小于分出保费规模，其中最高的为 13 亿元左右，该公司相应再保险成本率为 1.23%。人保财再保险成本仅次于太保财，为 12.9 亿元，占整个中资财险市场再保险成本的 25.95%，其分保比例为 8.28%，再保险成本率为 0.37%。

2017 年外资财险市场所有公司的再保险成本相加为-1450 万元，有 5 家外资公司再保险成本为负数，占整个外资财险市场的 23%。2017 年从再保险摊回款项最多的外资公司达到 10.15 亿元，该公司再保险成本率是-12.49%。其余 17 家外资险企再保险成本都是正数。

4.2 财险市场再保险需求分析

直保公司对再保险的需求，尽管原因较多，但根本上还是将自身不能承受的风险向外转移，以维护自身经营的稳定，并扩大展业端的承保能力。同时，分出保费形成的再保险资产，能够作为可接受资产抵减一部分保险准备金，分保前后的准备金差额可以看作保险公司的无形表外资产。再保险可作为财险公司的权益资本替代物，能够有效优化财险公司的资本结构。另一方面，财险公司可以根据情况灵活运用不同分保方式调整风险结构，分出过于集中的风险。

从总量考察，可以用财险公司的分出保费来衡量财险市场的再保险需求。图 4.2 列示了 2006—2017 年中资财险和外资财险的再保险需求规模，数据显示境内市场的再保险需求情况基本与中资公司的需求情况保持一致变动。

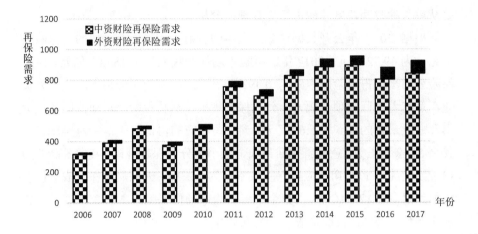

图4.2　2016—2017年中国财险市场再保险需求（单位：亿元）

资料来源：相关保险年鉴、保险行业协会公开信息披露。

　　对中国财险市场而言，中国境内的再保险分出自 2011 年以来发展迟缓，2015 年是阶段性峰值。同期间，外资财险公司的再保险需求逐年上升。受以风险为导向的"偿二代"政策实施，车险等分散型再保险分出需求大幅度减少，带动中资公司的再保险分出需求在 2016 年大幅收缩。2017 年分出需求逐步企稳回升，但分出规模也未恢复到历史峰值。

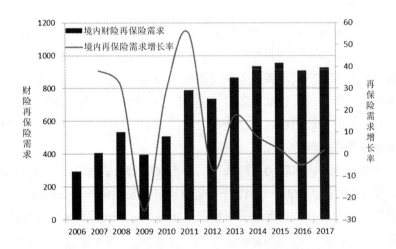

图4.3　2016—2017年财险市场再保险需求增长率（单位：%，亿元）

资料来源：根据保险年鉴、保险行业协会公开信息整理。

可以通过 2006 年以来再保险需求的增长率来观察境内再保险市场需求的变动情况（如图 4.3 所示）。2017 年的再保险需求是 2006 年的 3.14 倍，中国境内财险市场的再保险需求总体来说是波动上升的，2009—2013 年再保险需求增长率的波动幅度非常大，最近 4 年财险市场的再保险需求增长率的波动相比前几年平稳。2011 年中资市场分出保费有一个跃升，达到 756.14 亿元，主要是受人保财险一家的分出保费突增到 373.42 亿元影响。

中国境内市场的历年分保比例也有很大的变化，如图 4.4 所示，其中中资财险公司分保比例 2011 年以来持续下滑，外资财险公司分保比例始终维持在 20%～30% 的水平。

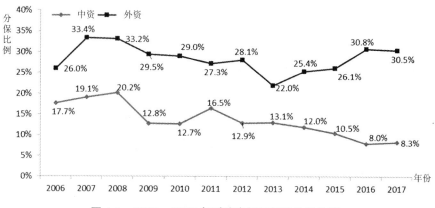

图 4.4　2006—2017 年财险市场再保险分保比例

资料来源：根据保险年鉴、保险行业协会公开信息整理。

对于中资公司而言，法定分保取消后，从 2006 年至 2017 年整个中资保险公司的分保比例总体下降。特别是受市场内在运行机制以及政策性影响，2016 年中国财产险公司分出比例创历史新低，首次跌到个位数，远低于发达国家财产险公司约 20% 的分出比例（见图 4.5）。2017 年分出比例略有回升，未来随着中国保险市场增长动力与业务结构的转换，非车险业务会逐步成为增长的主要推动因素，特别是责任险与政策性保险市场发展，将对巨灾风险管理提出新挑战，直保市场分出比例将稳步回升至两位数。

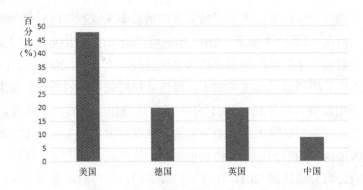

图 4.5　财险公司分出比例的国际比较

资料来源：根据公开数据整理。

4.3　财险市场再保险成本分析

从分出公司角度看，若某公司再保险成本常年累计为负数，说明该公司从再保险公司摊回的款项比其付出的分保费要多；若再保险成本常年累计为正数，说明该公司付给再保险公司的分保费比摊回的款项要多。对各年度市场上财险公司的再保险成本进行加总，可以得到各年度中资财险公司和外资财险公司的再保险分出成本，样本数据选择区间为 2006—2017年，开业较短的自开业之日起计算。

表 4.3　财险市场再保险成本（单位：亿元）

年份	中资再保险成本	外资再保险成本	合计
2006	22.47	4.07	26.54
2007	22.36	3.71	26.07
2008	33.26	2.20	35.46
2009	−3.30	3.57	0.27
2010	99.51	9.50	109.01
2011	174.31	11.12	185.43
2012	48.25	7.44	55.69
2013	49.39	−46.33	3.06

续表

年份	中资再保险成本	外资再保险成本	合计
2014	55.43	22.90	78.34
2015	15.79	−24.81	−9.01
2016	−40.86	−1.91	−42.76
2017	50.57	−0.15	50.43

资料来源：根据保险行业协会公开信息整理。

从表中可以看到，2015—2016 年国内再保险市场各分出公司总体处于净摊回状态，同步作为交易对手的分入方（各专业再保险公司）经营压力较大。同时，表 4.3 显示了中资财险市场的再保险成本和外资财险市场的再保险成本有较大差异。如图 4.6 所示，2006 年至 2017 年中国境内财险市场的再保险成本变动趋势除 2013 年、2014 年、2015 年外基本与中资财险公司的再保险成本变动趋势一致。但是注意到外资公司在 2013 年的再保险成本为-46.3 亿元，其中某公司一家在该年度的再保险成本为-28.1 亿元，主要是无锡 SK 海力士工厂火灾赔案，该公司因为再保险安排合理而有大量摊回赔款。

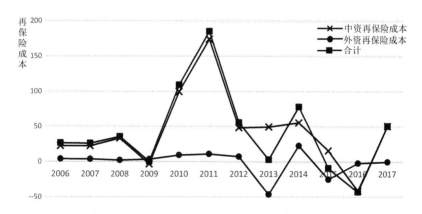

图 4.6 2006—2017 年财险市场再保险成本变动情况（单位：亿元）

资料来源：根据相关保险年鉴、保险行业协会公开信息整理。

而 2016 年无论中资和外资，再保险成本都为负数，这与 2015 年的"8·12"天津港大爆炸有很大关系。截至 2016 年末，"8·12"特大火灾爆炸事故中一些较大损失事故在 2016 年相继结案，因此在 2015 年、2016 年这两年整个中国财险市场的再保险摊回赔款数额巨大，到 2017 年财险市场再保险成本转为 21 亿元。

外资险企的市场份额明显没有中资险企的大，所以对中国境内市场的影响有限，但是可以看到外资市场的再保险成本波动一直以来都非常大。进一步从成本率角度观测（如表 4.4 所示），外资财险公司的再保险成本率波动会比中资主体明显很多，观察期内再保险成本率最低点达到-27.79%，最高点达到 11.66%。同期中资财险公司的再保险成本率最低是-0.41%，最高是 3.79%。但是从市场份额就可以看出来中国的境内市场主要还是受中资险企行为的影响，境内再保险成本率的趋势也更加类似于中资分出公司的再保险成本率。近 6 年来，境内财险市场的再保险成本率基本在±1%之间（如图 4.7），这反映了中国再保险市场定价充足度要弱于国际市场，直保市场的价格竞争已经传递到了再保险市场，这种状况对中国再保险市场健康持续发展带来一定的隐患。

表 4.4   财险市场再保险成本率（单位：%）

年份	中资再保险成本率	外资再保险成本率	境内再保险成本率
2006	1.45	11.66	1.68
2007	1.10	7.66	1.25
2008	1.39	4.14	1.45
2009	−0.11	5.16	0.01
2010	2.64	9.49	2.82
2011	3.79	9.02	3.93
2012	0.90	5.17	1.01
2013	0.78	−27.79	0.05
2014	0.75	11.63	1.03
2015	0.18	−11.29	−0.10
2016	−0.41	−0.76	−0.42
2017	0.50	−0.05	0.48

资料来源：根据相关保险年鉴、保险行业协会公开信息整理。

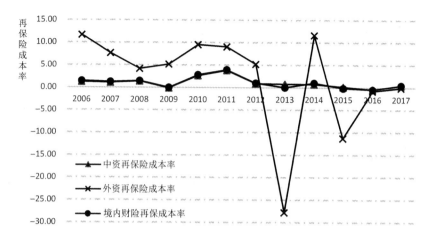

图 4.7 财险市场再保险成本率变动情况（单位：%）

资料来源：根据相关保险年鉴、保险行业协会公开信息整理。

4.4 财险公司的分保行为分群

在对整个市场的财险公司进行分保行为分群研究时，有多个方法或依据。从成本角度更能体现直保市场对再保险市场的影响，也能在较大程度上反映出需求方对再保险功能的认识。为不损失时间信息，同时消除再保险业务赔付周期以及个别年份数据异常的影响，用样本期间的年均再保险成本作为再保险需求主体行为分群的依据，对 85 家公司做行为分群（见表4.5）。

表 4.5 财险公司行为分群依据（单位：亿元；%）

公司	平均再保险成本	平均再保险成本率	公司	平均再保险成本	平均再保险成本率
人保财险	16.93	0.87	平安财	12.90	1.33
国寿财产	2.84	1.00	华泰	1.76	3.73
英大财产	1.57	3.17	永诚	1.47	3.17
美亚	0.93	7.69	中银保险	0.93	2.33
天安	0.57	0.64	众安财产	0.51	1.62
东京海上	0.48	7.72	瑞再企商	0.47	21.90

公司	平均再保险成本	平均再保险成本率	公司	平均再保险成本	平均再保险成本率
三井住友	0.40	4.72	都邦	0.46	1.38
亚太财险	0.35	1.86	中石油专	0.33	7.22
安信农业	0.21	2.76	泰康在线	0.27	2.76
华安	0.20	0.34	史带财产	0.19	1.58
北部湾财	0.16	1.40	利宝互助	0.15	2.46
长江财产	0.14	3.04	信达财险	0.14	0.61
紫金财产	0.15	0.55	中原农业	0.12	2.03
国元农业	0.14	0.45	富德财产	0.11	0.94
泰山财险	0.09	0.97	建信财产	0.09	7.04
信利保险	0.08	21.40	阳光财产	1.22	0.80
恒邦财产	0.07	1.84	中煤财产	0.11	1.68
前海联合	0.07	1.32	珠峰财险	0.07	3.14
国泰财产	0.06	1.30	粤电自保	0.06	56.50
安诚	0.11	0.52	苏黎世	0.04	1.25
众惠相互	0.03	4.24	易安财产	0.02	0.29
汇友互助	0.01	26.87	华农	0.02	0.45
阳光信用	0.00	0.00	东海航运	0.00	-0.21
长安责任	0.19	0.90	日本兴亚	-0.15	-30.78
乐爱金	-0.43	-43.61	三星	-0.50	-8.69
阳光农业	-0.25	-1.26	永安	-0.56	-0.84
众诚保险	-0.68	-8.40	中远海航	-1.23	-60.77
中华联合	0.63	0.22	出口信用	-2.34	-2.37
大地财产	0.35	0.19	海峡金桥	0.08	4.03
太保财	9.03	1.43	中意财产	0.08	2.86
安联	1.63	27.77	中路财产	0.07	4.20
太平保险	1.18	1.24	爱和谊	0.07	2.26
劳合社	0.67	10.83	燕赵财产	0.05	1.02
铁路自保	0.50	11.62	安心财产	0.03	0.70
安达保险	0.41	14.96	浙商财产	0.11	0.42
日本财产	0.37	8.08	合众财产	0.00	0.02
鑫安汽车	0.30	9.48	富邦财险	-0.07	-1.29
华海财产	0.22	2.09	中航安盟	-0.29	-3.56
鼎和财产	0.23	1.25	安华农业	-0.06	-0.13
安邦	0.14	0.08	渤海	-0.08	-0.47
锦泰财产	0.13	1.28	安盛天平	0.34	0.76
久隆财产	0.11	7.20	现代财产	-3.15	-171.58
诚泰财产	0.10	1.62			

资料来源：根据保险行业协会、相关保险年鉴公开信息整理。

按照年均再保险成本，将财险市场的再保险需求主体分为 A～E 这五种类型（见表 4.6）。

表 4.6 财险市场再保险需求五类主体分群标准

分类	年均再保险成本（亿元）	组内公司数（家）	组内平均再保险成本率（%）
A	A≥1	10	1.19
B	0.1≤B<1	39	0.87
C	-0.1≤C<0.1	26	0.32
D	-1≤D<-0.1	7	-2.28
E	E<-1	3	-5.89
合计	全样本区间	85	0.94

资料来源：根据保险行业协会、相关保险年鉴公开信息整理。

4.4.1 财险市场再保险需求 A 类主体

A 类主体代表年均再保险成本大于 1 亿元（含 1 亿元）的财险公司，A 类主体平均再保险成本为 1.19%。A 类主体共计 10 家，包括第一梯队的人保财、平安财、太保财，第二梯队的国寿财产、太平保险、阳光财产，第三梯队的华泰、永诚、英大财产，第四梯队的安联。

表 4.7 财险市场再保险需求 A 类主体（单位：亿元）

公司	历年分保总成本	年均分保成本	年均分保成本率	观察期
人保财险	203.17	16.93	0.87%	12 年
平安财	154.74	12.90	1.13%	12 年
太保财	108.36	9.03	1.43%	12 年
国寿财产	31.27	2.82	1.00%	11 年
华泰	21.07	1.76	3.73%	12 年
安联	19.55	1.63	27.77%	12 年
英大财产	15.65	1.57	3.17%	10 年
永诚	17.66	1.47	3.17%	12 年
阳光财产	14.63	1.22	0.80%	12 年
太平保险	14.22	1.18	1.24%	12 年

资料来源：根据保险行业协会、相关保险年鉴公开信息整理。

可以看到 A 类主体都是有 10 年以上历史的公司，财险"老三家"都在 A 类主体里，人保财险最高，平安财紧跟其后。人保财险累计再保险总成本超过 203 亿元，超过整个 A 类主体中 1/3 的份额，但是人保财险的年均再保险成本率仅为 0.87%，比平安财险、太保财险、国寿财险都要低。平安财和人保财是年均再保险成本超过 10 亿元的两家公司，太保财 9.03 亿元（位居第三），国寿财产 2.82 亿元（居第四），明显看出虽然同处于 A 类主体但"老三家"的年均再保险成本远远甩开同类别的其他公司。另一方面，A 类主体中，第一梯队和第二梯队公司的再保险成本率基本维持在 1%左右，第三梯队的三家公司再保险成本率都在 3%左右。

A 类主体以大中型保险公司为主，其中保费收入 100 亿元以上的公司 6 家；第三梯队的公司 3 家，分别为华泰、英大财产、永诚。华泰主营车险，英大财产的实际控制人为国家电网，永诚保险的电力系股东在国内发电市场中占据半壁江山，基于股东背景主营电力能源保险。这三家公司都属于具有鲜明特色的专业性保险公司。安联作为 A 类主体中唯一的外企，其年均再保险成本率高达 27.77%。安联作为第四梯队成员进入 A 类主体，主要因为其自留保费少、分保比例极高，常年维持在 3/4 左右（见表 4.8）。

表 4.8　安联历年分保比例（单位：%）

2006 年	2007 年	2008 年	2009 年	2010 年	2011 年
92.41	91.51	88.10	81.16	77.64	78.58
2012 年	2013 年	2014 年	2015 年	2016 年	2017 年
82.41	72.46	69.79	74.00	72.22	74.69

资料来源：根据保险行业协会、相关保险年鉴公开信息整理。

4.4.2　B 类主体

B 类主体代表年均再保险成本介于 0.1 亿元和 1 亿元之间的主体，B 类主体的年均再保险成本率为 0.87%，B 类主体年均再保险成本率的均方差为 4.77%，其中外资公司平均再保险成本率为 3.82%，中资公司平均再保险成本率为 0.57%，外资公司再保险成本率的均方差为 6.54%，中资公司再保险成本率均方差为 2.99%（见表 4.9）。

B 类主体共计 39 家公司，其中第二梯队的 4 家，分别是中华联合、天安、大地财产、华安；第三梯队的有鼎和财险等 25 家；第四梯队的有美亚、劳合社、三井住友、安盛天平、利宝互助；第五梯队的有东京海上、瑞再企商、安达保险、日本财产、史带财产。

B 类主体所涉及的公司是五类中最多的，涵盖了除第一梯队外的各梯队的中外财险公司。从多年平均看，相对 A 类主体而言，B 类主体受限于业务规模，再保险分出成本的波动性较大。因此，B 类主体在再保险业务中更注重长期合作关系的维护。

表 4.9　财险市场再保险需求 B 类主体（单位：亿元，%）

公司	历年分保总成本	年均分保成本	年均分保成本率	观察期
美亚	11.21	0.93	7.69	12 年
中银保险	11.10	0.93	2.33	12 年
劳合社	7.38	0.67	10.83	11 年
中华联合	6.34	0.63	0.22	10 年
天安	6.26	0.57	0.64	12 年
众安财产	2.03	0.51	1.63	4 年
铁路自保	1.50	0.50	11.62	3 年
东京海上	5.71	0.48	7.72	12 年
瑞再企商	1.89	0.47	21.90	4 年
都邦	5.54	0.46	1.38	12 年
安达保险	3.71	0.41	14.96	9 年
三井住友	4.82	0.40	4.72	12 年
日本财产	4.50	0.37	8.08	12 年
大地财产	4.26	0.35	0.19	12 年
亚太财险	4.22	0.35	1.86	12 年
安盛天平	4.07	0.34	0.76	12 年
中石油专属	1.32	0.33	7.22	4 年
鑫安汽车	1.79	0.30	9.48	6 年
泰康在线	0.53	0.27	2.76	2 年
鼎和财产	1.79	0.18	0.98	10 年
华海财产	0.65	0.22	2.09	3 年
安信农业	2.56	0.21	2.76	12 年
华安	2.25	0.20	0.34	11 年
史带财产	2.33	0.19	1.58	12 年
北部湾财产	0.81	0.16	1.40	5 年
紫金财产	1.38	0.15	0.55	9 年
利宝互助	1.82	0.15	2.46	12 年
安邦	1.54	0.14	0.08	11 年

公司	历年分保总成本	年均分保成本	年均分保成本率	观察期
长江财产	0.98	0.14	3.04	7 年
信达财险	1.24	0.14	0.61	9 年
国元农业	1.35	0.14	0.58	10 年
锦泰财产	0.91	0.13	1.28	7 年
中原农业	0.36	0.12	2.03	3 年
浙商财产	1.02	0.11	0.42	9 年
久隆财产	0.22	0.11	7.20	2 年
中煤财产	1.00	0.11	1.68	9 年
安诚	1.17	0.11	0.52	11 年
富德财产	0.52	0.11	0.94	5 年

资料来源：根据保险行业协会、相关保险年鉴公开信息整理。

B 类主体中 64%都是第三梯队公司，同时有 10 家公司有效观察年份都不超过 5 年，样本稳定性较差，其成本特征仍需时间检验。在 B 类主体中外资公司的年均再保险成本率比中资公司高，而中资公司里的铁路自保、中石油专属保险、鑫安汽车、久隆财产的年均再保险成本率都非常高，这几家公司共同的特点就是依托股东强大的资源整合优势，主要为股东集团提供保险服务，这些产品集中度高的财险公司，抗风险能力比产品结构多样化的公司差，破产的风险相对较大，对再保险的需求较大。

4.4.3 财险市场再保险需求 C 类主体

C 类主体是年均再保险成本介于-0.1 亿元到 0.1 亿元间的主体，其再保险成本率为 0.32%。C 类里的主体数量有 26 家，第四梯队的有爱和谊、国泰财产、富邦财险，第五梯队的有信利保险、中意财产、苏黎世，其余 21 家为第三梯队的公司。

C 类主体中有 57%的保险公司的有效观察期不超过 5 年，公司成立的年份普遍较短，导致有效观察期不够长。在 C 类主体中，年均再保险成本为正数的共计 20 家公司，年均再保险成本为负数的 4 家，年均再保险成本为 0 的 2 家（见表 4.10）。

中资的中小规模财产公司基本都集中在 B 类主体和 C 类主体中，对于中小型财险公司而言，公司成立时间短，企业规模与竞争力都处于积累的初期，大部分都是局限于几个省份或者少数几种业务，这就导致承保区域、承保风险相对集中。因此，再保险的分出业务，能够将中小型保险公司过于集中的风险进行分散，降低一次风险事故发生时的大额赔付，维持经营的稳定性。通过再保险分出得到技术支持与承保支持。这也是中小型公司在分保比例和再保险成本率这两方面都会比大公司大的一个内在原因。

C类主体中经营年度超过10年的公司中，中意财产、爱和谊、苏黎世3家外资财险公司的年均分保成本率都在1%以上（表4.10）。从数据上看，外资公司的再保险成本普遍要比中资公司高。

表 4.10　财险市场再保险需求 C 类主体（单位：亿元，%）

公司	历年分保总成本	年均分保成本	年均分保成本率	观察期
诚泰财产	0.59	0.10	1.62	6 年
泰山财险	0.61	0.09	0.92	7 年
建信财产	0.17	0.09	7.04	2 年
海峡金桥	0.17	0.08	4.03	2 年
信利保险	0.56	0.08	21.40	7 年
中意财产	0.84	0.08	2.86	11 年
恒邦财产	0.22	0.07	1.84	3 年
中路财产	0.22	0.07	4.20	3 年
前海联合	0.14	0.07	1.32	2 年
珠峰财险	0.14	0.07	3.14	2 年
爱和谊	0.75	0.07	2.26	11 年
国泰财产	0.54	0.06	1.30	9 年
粤电自保	0.06	0.06	56.50	1 年
燕赵财产	0.16	0.05	1.02	3 年
苏黎世	0.53	0.04	1.25	12 年
安心财产	0.06	0.03	0.70	2 年
众惠相互	0.03	0.03	4.24	1 年
华农	0.24	0.02	0.45	12 年
易安财产	0.03	0.02	0.29	2 年
汇友互助	0.01	0.01	26.87	1 年
合众财产	0.00	0.00	0.00	2 年
阳光信用	0.00	0.00	0.00	2 年
东海航运	-0.01	-0.005	-0.21	2 年
安华农业	-0.72	-0.06	-0.13	12 年
富邦财险	-0.56	-0.07	-1.29	8 年
渤海	-0.97	-0.08	-0.47	12 年

资料来源：根据保险行业协会、相关保险年鉴公开信息整理。

4.4.4　财险市场再保险需求 D 类主体

D 类主体是再保险成本介于-1 亿元和-0.1 亿元之间的主体，其年均再保险成本率为-2.28%，有 7 家公司。其中第三梯队的有阳光农业、永安、众诚保险，第四梯队有中航安盟，第五梯队的有日本兴亚、乐爱金、三星。

如表 4.11 所示，D 类主体中的有效观察期平均在 10 年以上，外资公司的数量在境内市场占比 25.88%，但是在 D 类主体中就占了 57%，可以说这也是外资公司的一个特点。其中仅有的 3 家中资保险公司中，众诚保险是国内首家由汽车集团发起成立的专业汽车保险公司；阳光农业是首批农险专业公司，12 年间累计再保险成本为-3.04 亿元，其中 2013 年再保险成本为-3.48 亿元，2016 年再保险成本为-6.72 亿元，受洪涝灾害影响较大；永安 12 年间累计再保险成本为-6.69 亿元。

表 4.11　财险市场再保险需求 D 类主体（单位：亿元，%）

公司	历年分保总成本	年均分保成本	年均分保成本率	观察期
日本兴亚	-1.35	-0.15	-30.78	9 年
阳光农业	-3.04	-0.25	-1.26	12 年
中航安盟	-3.45	-0.29	-3.56	12 年
乐爱金	-3.83	-0.43	-43.61	9 年
三星	-5.79	-0.50	-8.69	12 年
永安	-6.69	-0.56	-0.84	12 年
众诚保险	-4.78	-0.68	-8.40	7 年

资料来源：根据保险行业协会、相关保险年鉴公开信息整理。

4.4.5　财险市场再保险需求 E 类主体

E 类主体是再保险成本小于-1 亿元的主体，其再保险成本率为-5.89%，共计有 3 家公司。其中包括第三梯队的中远海自保、出口信用，第五梯队的现代财产（见表 4.12）。E 类公司均具有一定的特殊性。

表 4.12　财险市场再保险需求 E 类主体（单位：亿元，%）

公司	历年分保总成本	年均分保成本	年均分保成本率	观察期
中远海自保	-1.23	-1.23	-60.77	1 年
出口信用	-23.39	-2.34	-2.37	10 年
现代财产	-34.70	-3.15	-171.58	11 年

资料来源：根据保险行业协会、相关保险年鉴公开信息整理。

中远海自保是中国远洋海运集团有限公司独立出资发起设立的集团二级子公司，于 2017 年刚刚开业，样本数据不够稳定。出口信用保险公司是我国唯一承办出口信用保险业务的政策性保险公司。

4.5 典型公司再保险成本分析

按照样本公司历年再保险成本的波动情况，进一步观察代表性的几家公司。

4.5.1 再保险成本长期为正的公司——HT 公司以及 AL 公司

HT 公司是一家内资财产保险公司；AL 公司是一家外资公司。二者分保比例差距较大。

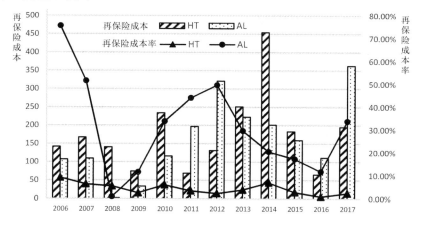

图 4.8 2006—2017 年 HT、AL 公司再保险成本与再保险成本率（单位：百万元，%）

资料来源：根据保险行业协会、相关保险年鉴公开信息整理。

如图 4.8 所示，2006—2017 年两家公司的再保险成本都是正数。AL 公司自 2006—2017 年的累计再保险成本为 19.44 亿元，其再保险成本最低的一年在 2008 年，约 200 多万元，当年再保险成本率为 0.89%。HT 公司自 2006—2017 年的累积再保险成本为 21.07 亿元，再保险成本最低的一年是在 2016 年，约为 6500 多万元，当年再保险成本率为 0.90%。

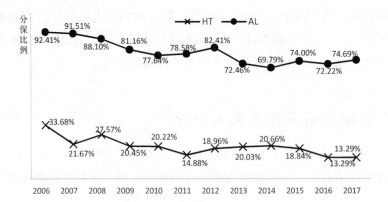

图4.9　HT、AL公司历年分保比例

资料来源：根据保险行业协会、相关保险年鉴公开信息整理。

虽然 HT 和 AL 都是再保险成本长期为正的公司，但是两者的分保行为有很大的差别。AL 作为外资公司，分保比例长期在 70%以上，HT 作为内资公司，分保比例近年来基本稳定在 20%以内。

4.5.2　再保险成本长期为负的样本公司——某政策保险公司

某公司以政策性业务为主，要为企业在出口贸易、对外投资和对外工程承保等经济活动中提供风险保障。从 2013 年到 2015 年，该公司再保险分出成本连续三年为负数且规模较大，且分保比例自 2013 年起就连续下降（见图 4.10、表 4.13）。

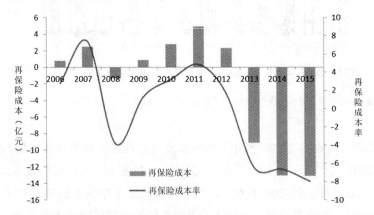

图4.10　某政策保险公司的再保险分出成本（亿元，%）

资料来源：根据保险行业协会、相关保险年鉴公开信息整理。

表 4.13　某政策保险公司历年分保比例（单位：%）

年份	2006	2007	2008	2009	2010	2011
分保比例	20.26	14.84	16.99	15.35	23.56	24.96
年份	2012	2013	2014	2015	2016	2017
分保比例	18.71	20.40	16.25	16.08	15.82	—

资料来源：根据保险行业协会、相关保险年鉴公开信息整理。

4.6　小结

从对中国财险公司的分出行为进行分析，可以得到以下初步结论。

一是财险公司分出比率与业务规模关联性不高。人保、平安、太保三家均为大型财险公司，但分出比例存在较大差异。自保类、互助类财险公司由于自身风险过于集中，往往具有很高的分出比例，比如，中远海自保、东海航运、中石油专属保险、粤电互助、汇友互助等。

二是财险公司分出业务利润率与原保险业务规模具有一定相关性。大中型财险公司业务分布广泛，再保险分出业务具有很好的自平衡性，因此大中型财险公司分出业务的营利性较好。而规模较小的财险公司由于原保险业务规模有限，同时业务区域性分散较差，业务经营具有较大的不确定性，反映在再保险分出业务上，平均利润率不高。

三是长期承接同一公司的分出业务有助于获得稳定承保收益。根据上述数据分析，在 10 年的时间维度，有超过半数以上的财险公司分出业务的年均再保险成本在 0.1 亿元以上，有超过 80%的财险公司分出业务的年均再保险成本大于 0。也就是说，只要再保险公司长期承接同一公司的分出业务，有 80%以上的概率能够获得平均承保收益，尽管每年的盈利或亏损的情况会有很大的差异。

四是区域型、专业型财险公司具有发展潜力。尽管新设区域型、专业型财险公司成立初期分出业务的收益性较差或存在较大的波动性，但是从公司成长角度看，随着业务规模的提升，风险管理机制的完善，将会向着好的方向发展。同时新设财险公司由于风控能力较弱，也迫切需要再保险公司深入参与，提供一揽子的风险解决方案。这类公司具有很好的发展潜力。

5 中国人身险再保险市场需求分析

本章重点对中国境内人身险公司的再保险需求行为进行分析，并按照需求主体的行为特征进行初步的分类研究。

5.1 人身险公司的再保险需求特征

随着中国人身险市场加快转型，人身险公司从注重投资的万能险、投连险转换为注重风险保障的传统寿险、健康险，人身险公司对再保险风险保障的需求逐步提升，人身险再保险业务面临良好的发展机遇。

5.1.1 人身险再保险分出需求的驱动因素

人身险公司的分出行为与财险公司具有很大的不同，由于人身险经营本身受到巨灾事件的影响较小，整体看对再保险的需求较小。人身险再保险的主要作用体现在风险转移、资本替代和产品创新等方面，与人身险公司的业务结构和风险管理需求紧密关联。

风险管理是人身险业务再保险需求的根本决定因素。再保险独特价值在于管理巨灾风险以及长尾风险，由于人身险业务主要载体是人，保险标的分散，大数法则适用度较高，人身险再保险需求显著低于财产险。从发达国家保险市场看，人身险公司再保险分出比例约 5%，财产险公司这一比例约 20%。中国市场上人身险的分保比例约 2%，财产险的分保比例 9%～10%。长尾风险是人身险再保险需求最主要的风险驱动因素，主要是来自保单有效期较长（通常 10 年以上）带来的一系列长期趋势风险，长寿风险、通货膨胀、权利保障等带来的长期定价风险较高，客观上需要再保险来转移和管理风险。此外，尽管巨灾风险对人身险公司影响较小，但是灾难性、群体性事故以及高净值大额保单，也需要通过再保险安排进行妥善应对。

资本补充与偿付能力管理是人身险公司再保险需求的重要因素。作为一项重要的资本补充工具，通过再保险有助于提高资本使用效率。人身险分出公司通过再保险转移部分风险，可以相应地减少资本占用，快速提高偿付能力。相对于其他资本补充方式，再保险交易简单高效，可以阶段性、临时性运用，可以在面临偿付能力压力以及临时性业务机遇时，通过再保险分出迅速补充承保能力，在获得再保险手续费的补偿之外，可以主动地分散风险，改善偿付能力，实现资本更高效的运用。

技术支持与创新驱动对于人身险公司进行再保险安排的重要性日益提升。再保险公司经营的国际性与业务批发性，能够同时接受多个市场和多元客户的业务信息，可以迅速积累经验数据和发现行业新方向，可以说经验分享、知识转移、定价支持、产品开发等是再保险公司对客户的重要服务内容。由再保险公司提供新产品并回分承担大部分风险，同时提供核保核赔技术支持，人身险分出公司提供渠道销售服务并分享部分新产品红利的合作模式越来越普遍。特别是随着我国人身险市场发展动力由传统投资型险种向保障型险种转变，直保公司对再保险公司的技术支持与综合性服务需求在快速上升。

此外，全球金融市场的利率周期不同步性，也为人身险直保公司通过再保险管理利差带来了便利。特别是当国内利率长期低于国际市场利率时，利差风险管理的再保险需求就会增加。

5.1.2 中资人身险公司分保比例概况

从数据统计看，2017 年平均分保比例中资、外资寿险公司分别为2.14%、5.87%；2017年平均再保险成本率中资、外资寿险公司分别为0.32%、-0.16%。再保险成本率方面，2017 年中资人身险公司平均0.32%；外资人身险公司的再保险成本率低于中资公司，均值为-0.16%。整个境内人身险公司的再保险成本率为0.28%（图5.1）。

就分保比例而言，如图5.1，中资人身险公司分保比例波动区间大致在0～5%之间，大部分中资人身险公司的分保比例略高于0，均值约为2.14%；而多数外资人身险公司的分保比例在5%～10%之间，均值为5.87%。相较而言，外资人身险公司的分保比例明显高于中资公司，这与外资公司的险种结构更加注重保障型业务、长期业务有关。从国际市场看，发达国家人身险公司分出比例约为 5%。美国的人身险分保比例显著高于日本、新加坡、中国等亚洲国家，其中中国人身险的分保比例甚至只能到日本分保比例的一半，约为美国的十分之一。由此可见，中国人身险公司的经营偏向于"惜分"（见图5.2）。

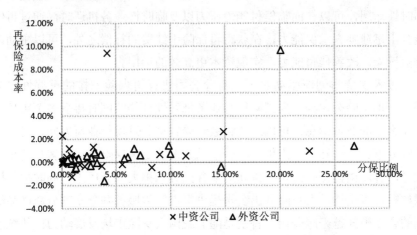

图5.1   2017年人身险公司中资、外资机构分保情况对比

注：11家人身险公司数据没有公开披露，图中均已剔除。

资料来源：根据保险行业协会、相关保险年鉴公开信息整理。

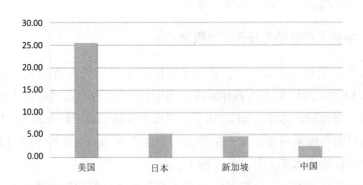

图5.2   不同国家人身险公司分保比例情况对比（单位：%）

资料来源：根据公开数据整理。

由于中外资人身险公司的分保比例与再保险成本率存在较大差距，为此把我国境内人身险公司分为中资和外资两个维度进行讨论。另外，大型保险公司与中小型保险公司在保费收入、资产规模等方面差距较大，二者的再保险需求也存在一定的差异，以 2017 年的保费收入为依据，分别对中资和外资人身险公司划分不同规模层次梯队。按照 2017 年保费收入 100 亿元、1000 亿元为基准，国内人身险中资公司可划分为三个层次。第一梯队共 7 家，保费收入超过 1000 亿元，分别为国寿股份、平安寿、太保寿、泰康人寿、太平人寿、新华人寿和人保寿险；第二梯队保费规模为 100 亿元至 1000 亿元，包括华夏人寿、富德生命人寿、阳光人寿、天安人寿等，共计 17 家；其余保费收入在 100 亿元以下的中资公司列为第三梯队。由于国寿存续、和谐健康、安邦人寿、华汇人寿、安邦养老、新华养老和人保养老 2017 年的数据缺失，样本中剔除了这 7 家中资人身险公司。在表 5.1 中详细列出中资寿险公司三个梯队的分出保费、分保比例、再保险成本率。

2017 年，中资人身险公司的平均分保比例约为 2.14%（即总分出保费/总保费收入），较 2016 年提高 0.45 个百分点。而包括外资人身险公司在内的整个人身险行业的平均分保比例约为 2.42%，同比增加 0.4 个百分点，中资人身险公司的再保险需求低于外资公司。人身险行业的分保比例低于非寿险行业，表明人身险行业对巨灾风险以及尾部风险的再保险需求弱于非寿险行业，这也符合两类公司面临的风险属性差异。

就三个梯队的分层统计情况看，第一梯队的 7 家人身险公司占据了整个中资人身险市场份额的 69.56%，占境内寿险市场份额的 64.42%。第一梯队的分出保费共计约 136.7 亿元，组内平均每家公司的分出保费约 19.53 亿元，第一梯队的平均分保比例为 0.91%，低于中资人身险公司平均水平。

第二梯队的公司共占据中资人身险市场份额的 26.91%，占整个人身险公司份额的 24.92%，但是这一梯队的公司分出保费的占比较大，占中资人身险公司分出保费份额的 55.92%。第二梯队的分出保费总额约为 315.9 亿元，各公司平均分出保费约 14.39 亿元，组内平均分保比例为 5.43%，高于全体人身险公司的平均值。第二梯队中各公司之间的分出保费差异较大，其中华夏人寿和建信人寿的分保比例较高，分别为 22.69% 和 8.27%，拉高了同组的平均值。

表5.1 2017年中资人身险公司分保情况（单位：亿元，%）

公司	保费收入	分出保费	分保比例	再保成本率	公司	保费收入	分出保费	分保比例	再保成本率
国寿股份	5119.66	36.61	0.72	0.20	渤海人寿	89.57	0.13	0.14	-0.02
平安寿	3689.34	25.18	0.68	0.19	利安人寿	85.75	0.29	0.33	0.11
太保寿	1756.28	29.21	1.66	-0.21	光大永明	70.81	1.65	2.33	0.32
泰康人寿	1183.38	12.14	1.03	0.17	上海人寿	64.70	0.09	0.14	0.08
太平人寿	1139.49	12.48	1.10	0.16	弘康人寿	58.28	0.13	0.22	0.01
新华人寿	1092.94	12.64	1.16	0.28	吉祥人寿	53.54	0.09	0.17	0.03
人保寿险	1062.95	8.44	0.79	-0.01	东吴人寿	51.53	0.13	0.26	0.13
华夏人寿	893.50	202.76	22.69	0.94	泰康养老	51.40	0.72	1.39	0.24
富德生命人寿	824.94	2.93	0.36	0.13	长城人寿	50.78	0.54	1.07	0.12
阳光人寿	510.01	4.70	0.92	-1.28	太平养老	46.04	4.14	8.99	0.67
天安人寿	481.10	20.23	4.20	9.41	英大人寿	40.23	1.01	2.52	0.04
国华	461.32	17.04	3.69	-0.32	中融人寿	35.30	0.01	0.03	0.02
中邮人寿	410.79	0.18	0.04	0.02	昆仑健康	16.05	0.01	0.06	2.26
前海人寿	320.36	0.12	0.04	0.02	太保安联健康	12.43	1.85	14.87	2.64
建信人寿	297.89	24.63	8.27	-0.45	国联人寿	8.90	0.08	0.94	0.49
百年人寿	282.39	0.47	0.17	0.03	横琴人寿	8.63	0.01	0.13	-0.11
合众人寿	237.78	5.07	2.13	-0.36	信美人寿	4.74	0.02	0.42	0.23
农银人寿	214.40	24.45	11.40	0.55	中华人寿	4.35	0.03	0.67	1.17
人保健康	192.50	10.77	5.59	-0.18	华贵人寿	4.24	0.04	0.85	0.58
幸福人寿	184.75	0.12	0.07	0.02	招商仁和	3.71	0.00	0.03	0.01
平安养老	175.60	0.79	0.45	0.44	和泰人寿	1.53	0.00	0.05	-0.14
信泰	118.10	0.64	0.54	0.06	复星联合健康	0.59	0.01	2.47	0.33
民生人寿	110.99	0.95	0.86	0.14	爱心人寿	0.44	0.01	2.93	1.31
珠江人寿	102.56	0.06	0.06	0.01					

资料来源：根据保险行业协会公开信息整理。

第三梯队的公司以中小型中资人身险公司为主，占据中资人身险市场份额的11.51%。第三梯队的分出保费总额为112.3亿元，各公司的平均分出保费为2.29亿元，组内平均分保比例为4.51%，高于第一梯队。从表5.1中可以看出，第三梯队中各公司之间分出保费和分保比例之间的差距相对较小，分保比例基本在 0～1% 这一区间。

5.1.3 外资人身险公司分保比例概况

外资人身险公司按照保费收入以 100 亿元为分界线划分为两个梯队，将 100 亿元以上的外资险企归为第四梯队，低于 100 亿元外资险企为第五梯队。第四梯队包括了工银安盛、恒大人寿、交银康联、招商信诺、信诚人寿和中美联泰 6 家公司，其余公司属于第五梯队，并且剔除了 2017 年数据缺失的中法人寿和友邦保险。外资人身险公司的保费收入、分出保费等数据如表 5.2。

表 5.2　2017 年外资人身险公司分保情况（单位：亿元，%）

公司	保费收入	分出保费	分保比例	再保成本率	公司	保费收入	分出保费	分保比例	再保成本率
工银安盛	396.51	15.58	3.93	-1.61	同方全球	26.99	2.65	9.83	1.44
恒大人寿	281.01	41.20	14.66	-0.38	恒安标准	26.27	0.71	2.72	0.40
交银康联	131.31	1.14	0.87	-0.11	平安健康	21.47	4.31	20.09	9.66
招商信诺	128.14	1.52	1.19	-0.60	北大方正	20.34	0.73	3.58	0.66
信诚人寿	120.22	7.33	6.09	0.44	长生人寿	18.53	0.28	1.54	0.33
中美联泰	100.40	2.33	2.32	0.55	陆家嘴国泰	15.91	0.14	0.91	0.32
中意人寿	94.05	9.40	9.99	0.73	汇丰人寿	11.84	0.06	0.53	0.20
中英人寿	73.68	4.26	5.78	0.34	君龙人寿	7.71	2.07	26.79	1.39
中宏人寿	67.42	1.80	2.67	-0.30	复星保德信	6.62	0.09	1.30	-0.47
华泰人寿	44.80	1.42	3.17	0.69	中韩人寿	4.61	0.14	3.04	0.86
中德安联	40.42	2.92	7.23	0.61	德华安顾	4.14	0.28	6.67	1.17
中荷人寿	40.21	0.36	0.89	0.12	瑞泰人寿	3.83	0.12	3.26	-0.04
中航三星	38.74	0.45	1.15	0.24	新光海航	0.99	0.01	0.79	0.33

资料来源：根据保险行业协会公开信息整理。

整个外资人身险市场的平均分保比例为 5.87%，高于整个人身险市场的平均水平，与发达国家主体分出比例相当。与外资财险公司相比，外资人身险公司的整体分保比例不高，只有 3 家外资人身险公司的分保比例在

10%以上，第五梯队的君龙人寿分保比例为 26.79%、平安健康为 20.09%，第四梯队的恒大人寿分保比例为 14.66%。汇丰人寿的分保比例最低，为 0.53%。分保比例集中在 2%～3%的公司最多。

分层数据显示，第四梯队的保费收入占外资人身险市场份额的 67.06%，但是仅占整个境内人身险市场的 4.96%。第四梯队的分出保费总额为 69.1 亿元，组内平均分出保费为 11.52 亿元，占整个外资市场分保费用比重的 68.21%。第四梯队的 6 家公司分出保费均在 1 亿元以上，恒大人寿的分出保费更高达 41.20 亿元，因此组内平均分出保费较高。组内平均分保比例为 5.97%。

第五梯队的市场份额占外资人身险市场的 32.94%，占整个境内人身险市场的 2.43%，组内的分出保费总额约 32.21 亿元，组内平均分出保费约为 1.61 亿元。组内平均分保比例为 5.66%，高于第四梯队。值得注意的是，在分保比例普遍不高的人身险行业，恒大人寿、君龙人寿及平安健康的分保比例却高于10%。

5.1.4　人身险公司再保险成本分析

2017 年境内人身险公司再保险成本总计 65.63 亿元，2016 年人身险市场再保险成本为-8.74 亿元；再保险成本率为 0.28%，比 2016 年高 0.32 个百分点。

2017 年我国中资人身险公司的再保险成本总计为 68.48 亿元，平均约为 1.46 亿元；中资人身险公司的保费收入总计为 21626.52 亿元，平均再保险分出成本率为 0.32%。有 10 家中资人身险公司的再保险分出成本为负值，最低的为-6.52 亿元，最高的为 45.27 亿元，共有 9 家人身险公司的再保险分出成本超过了 1 亿元。再保险成本率方面，最高的 9.41%，最低的为-1.28%。

2017 年我国外资人身险公司的再保险成本总计为-2.84 亿元，平均为-1093 万元。外资人身险公司的保费收入总计为 1726.15 亿元，再保险成本率为-0.16%。剔除未能得到数据的中法人寿和友邦保险后，26 家外资人身险公司中有 7 家公司的再保险成本为负，其中再保险分出成本最低的为-6.38 亿元，最高的为 2.08 亿元。再保险成本率方面，最高的为 9.66%，最低的为-1.61%。

5.2　人身险公司再保险需求分析

一般而言，人身险公司进行再保险分出业务的动因主要有四个方面。

5.2.1　应对"突发"事件所引发的极端死亡风险

人身险公司要防范使大量同类标的同时遭受损失的风险。但是当出现突发的情况损失无法分摊时，一定时期一定范围的实际死亡率超过生命表上的预定死亡率，可能使得人身险公司纯保费收入不足以应对给付需要。再保险能够帮助分散类似极端风险，分摊人身险公司的赔付支出。

5.2.2　应对人口老龄化带来的风险

预期寿命的延长提高了年金保险的需求，承保人寿命不断延长，人身险公司以及养老险公司给付养老金年限也随之不断延长，从而造成人身险公司以及养老险公司准备金不足。人身险公司分出保费之后能够获得再保险公司摊回的准备金，把老龄化的风险转移到再保险公司。

5.2.3　应对投资收益波动带来的利差风险

投资收益是人身险公司利润的主要来源，但是一旦投资失败就可能会出现利差损。财务再保险可以成为稳定经营结果的一个有效举措。

5.2.4　应对可能会承保的某些特殊风险

此类风险不符合"大数法则"，无法在多数标准体之间分摊风险，可以通过再保险在更广的范围进行风险分散，从而可以实现前端直保公司的承保出单。

以人身险公司的分出保费可以近似衡量人身行业的再保险总需求。图5.3 和图 5.4 展示了 2006—2017 年中资和外资人身险公司的再保险需求及其增长率。

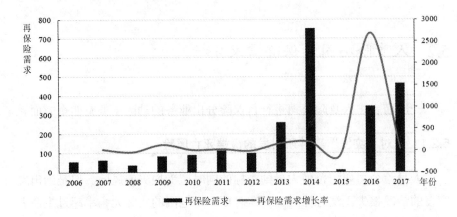

图 5.3　2006—2017 年中资人身险公司再保险需求及增长率（单位：亿元，%）

资料来源：根据相关保险年鉴、保险行业协会公开信息整理。

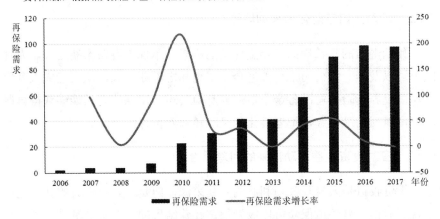

图 5.4　2006—2017 年外资人身险公司再保险需求及增长率（单位：亿元，%）

资料来源：根据相关保险年鉴、保险行业协会公开信息整理。

从图 5.3 看出，2006—2017 年我国中资人身险市场的再保险需求可以分为两个阶段：2006—2014 年基本呈波动上升趋势，2015—2017 年震荡变化，再保险需求在 2014 年达到峰值，为 753.15 亿元。2015 年中资人身险公司再保险需求下降，分出保费同比下降 98.36%，主要是受"偿二代"出台及人身险行业资本金得到补充等影响。占据人身险公司分出业务"大头"的财务再保险需求大幅下滑。因此，2015 年中资人身险市场的再保险需求急剧下降。

外资人身险公司再保险分出业务总体呈现持续上升态势。比较 2006—2017 年外资寿险公司历年的保费收入与分出保费，发现二者的变动基本一致，说明外资人身险公司的再保险需求与其保费收入规模密切相关（图 5.5）。

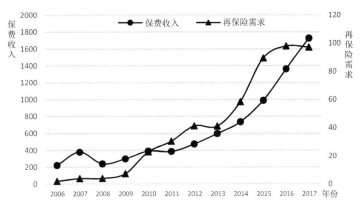

图 5.5　2006—2017 年外资人身险市场保费收入与分出保费情况（单位：亿元）

资料来源：根据相关保险年鉴、保险行业协会公开信息整理。

图 5.6 是综合内外资人身险公司分出业务后的总体情况。可以看出，我国境内人身险市场的历年再保险需求与增长率情况，与中资人身险市场再保需求情况对比，发现二者的图像重合度高。我国中资人身险公司数量多、市场份额高，中资人身险市场基本代表了整个境内人身险市场的再保需求情况。

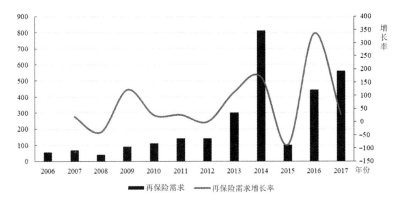

图 5.6　2006—2017 年境内人身市场再保需求与增长率（单位：亿元，%）

资料来源：根据相关保险年鉴、保险行业协会公开信息整理。

5.3 人身险公司再保险分出成本

统计数据显示，过去 10 年中国人身险公司的再保险分出规模呈现稳步上升趋势，但是分出比例并未呈现出明显上升或下降趋势。这可能与我国人身险市场保障型业务发展不充分有关，储蓄型业务或投资型业务基本没有再保险有效需求，在发达国家占据人身险市场主导地位的健康险、养老险等，在我国仍处于起步阶段。未来，随着我国人身险市场发展与险种结构向发达国家靠拢，预计人身险公司的再保险需求会稳步上升。

按照第四章定义的口径，2006—2017 年中国人身险公司再保险总体分保成本如表 5.3 及图 5.7 所示。

表 5.3 2006—2017 年人身险市场再保险成本（单位：亿元）

年份	中资再保险成本	外资再保险成本	合计
2006	−20.56	0.40	−20.16
2007	−4.41	−0.35	−4.76
2008	−5.78	0.94	−4.85
2009	2.54	0.70	3.24
2010	2.91	1.26	4.17
2011	13.54	1.01	14.55
2012	0.91	0.60	1.51
2013	14.88	1.65	16.53
2014	−7.56	4.44	−3.13
2015	4.31	14.67	18.98
2016	−9.86	0.80	−9.06
2017	68.48	−2.84	65.63

资料来源：根据保险行业协会公开信息整理。

从图 5.7 可以可以看出，中资人身险市场的再保险成本与整个境内的再保险变动情况保持高度一致，二者均是在 2006 年最低，2007—2008 年稍有波动，2009 年起基本稳定。相对中资人身险市场而言，外资人身险市场的再保险成本绝对值较小，波动幅度也不大，2006—2015 年基本在横坐标附近变动，2015—2017 年与境内再保险成本变动情况基本一致。结合图表发现，2006—2008 年中资和外资人身险市场的再保险成本均为负，2009—2013 年均为正，2014—2017 年再保险成本正负均有。平均而言，2006—2017 年中资人身险公司的年均再保险成本为 4.95 亿元，这也是为获取相应的再保险保障所付出的对价。外资人身险公司的年均再保险成本为 1.94 亿元，境内人身险市场的年均再保险需求为 6.89 亿元。

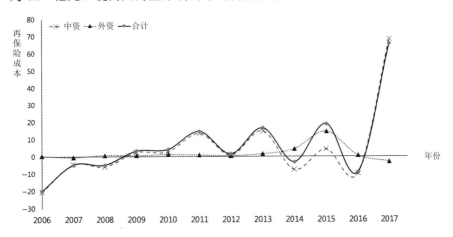

图 5.7　2006—2017 年我国人身险公司再保险成本变动情况（单位：亿元）

资料来源：根据相关保险年鉴、保险行业协会公开信息整理。

表 5.4 列示了 2006—2017 年人身险公司再保险分出业务的成本率。可以发现，外资人身险公司的再保险成本率总体上高于中资人身险公司，2006—2017 年外资人身险公司的年均再保险成本率为 0.3%，而中资人身险公司的年均再保险成本率为 0.05%。但是中资人身险公司的数量多、市场份额占比大，中资人身险公司的历年累计保费收入占整个境内人身险市场历年累计保费收入的 94.16%，境内人身险市场的再保险成本率主要还是受中资人身险公司的影响。

表 5.4　2006—2017 年人身险公司再保险分出业务成本率（单位：%）

年份	中资再保险成本率	外资再保险成本率	合计
2006	-0.58	0.18	-0.53
2007	-0.10	-0.09	-0.10

续表

年份	中资再保险成本率	外资再保险成本率	合计
2008	-0.10	0.39	-0.08
2009	0.04	0.24	0.05
2010	0.03	0.32	0.05
2011	0.15	0.26	0.15
2012	0.01	0.13	0.02
2013	0.15	0.28	0.16
2014	-0.06	0.60	-0.02
2015	0.03	1.48	0.12
2016	-0.05	0.06	-0.04
2017	0.32	-0.16	0.28

资料来源：根据相关保险年鉴、保险行业协会公开信息整理。

如图 5.8 所示，2006—2017 年我国人身险市场的再保险成本率和再保险成本的走势基本一致，整个境内人身险市场的再保险成本率曲线与中资人身险公司的曲线重合。外资人身险公司的再保险成本率波动幅度较大，2015 年再保险成本率最高，为 1.48%；2017 年再保险成本率最低，为-0.16%。

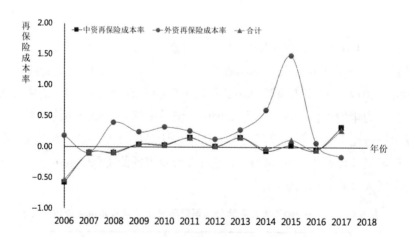

图 5.8　2006—2017 年我国人身险公司再保险成本率变动情况（单位：%）

资料来源：根据相关保险年鉴、保险行业协会公开信息整理。

5.4　人身险公司的再保险分出行为分群

表 5.5　人身险公司行为分群依据（单位：亿元，%）

公司	平均再保险成本	平均再保险成本率	公司	平均再保险成本	平均再保险成本率
天安人寿	3.42	3.77	北大方正	0.04	0.49
平安养老	2.51	2.87	交银康联	0.03	0.11
国寿股份	1.60	0.05	恒安标准	0.03	0.20
中意人寿	0.42	0.76	光大永明	0.03	0.09
太平养老	0.42	1.67	华贵人寿	0.02	0.58
平安寿	0.36	0.02	中华人寿	0.02	1.22
华夏人寿	0.34	0.22	利安人寿	0.02	0.05
信诚人寿	0.30	0.66	东吴人寿	0.02	0.14
前海人寿	0.26	0.21	人保寿险	0.02	0.00
富德生命人寿	0.25	0.07	泰康人寿	0.02	0.00
农银人寿	0.24	0.33	德华安顾	0.02	1.37
招商信诺	0.24	0.49	瑞泰人寿	0.02	0.45
平安健康	0.23	5.45	珠江人寿	0.02	0.04
中美联泰	0.21	0.46	长生人寿	0.02	0.33
太保安联健康	0.18	2.76	中荷人寿	0.01	0.08
泰康养老	0.16	0.72	君龙人寿	0.01	0.41
中英人寿	0.10	0.27	吉祥人寿	0.01	0.07
昆仑健康	0.09	2.95	信美人寿	0.01	0.23
华泰人寿	0.08	0.31	汇丰人寿	0.01	0.15
中德安联	0.07	0.32	中邮人寿	0.01	0.00
英大人寿	0.07	0.49	爱心人寿	0.01	1.31
民生人寿	0.06	0.08	国联人寿	0.01	0.07
国华	0.06	0.05	安邦人寿	0.01	0.00
幸福人寿	0.05	0.08	和谐健康	0.00	0.00
上海人寿	0.05	0.07	弘康人寿	0.00	0.01
百年人寿	0.04	0.05	陆家嘴国泰	0.00	0.04
中航三星	0.04	0.36	复星联合健康	0.00	0.33
招商仁和	0.00	0.01	中宏人寿	-0.03	-0.12
复星保德信	0.00	0.02	友邦保险	-0.04	-0.04
安邦养老	0.00	11.60	建信人寿	-0.07	-0.06
中法人寿	0.00	0.03	恒大人寿	-0.09	-0.30
渤海人寿	0.00	0.00	长城人寿	-0.39	-1.63
国寿养老	0.00	0.00	中融人寿	-0.39	-1.44
长江养老	0.00	0.00	合众人寿	-0.44	-0.47
中韩人寿	0.00	0.00	太平人寿	-0.55	-0.11
和泰人寿	0.00	-0.14	阳光人寿	-0.72	-0.34
华汇人寿	0.00	-0.17	太保寿	-0.83	-0.09
横琴人寿	0.00	-0.11	工银安盛	-0.87	-0.79
人保健康	-0.01	-0.01	新华人寿	-0.98	-0.12
同方全球	-0.01	-0.11			

资料来源：根据保险行业协会、相关保险年鉴公开信息整理。

为研究不同类型的人身险公司再保险分出行为特征,我们依据其再保险分出成本对境内的人身险公司进行分群。但是,由于公司间的开业时间不尽相同,我们采用年均再保险成本作为再保险需求主体行为分群的依据,剔除了 2006—2017 年数据完全缺失的公司,汇总计算了 79 家人身险公司的数据(见表 5.5)。

按照年均再保险分出成本,将人身险市场的再保险需求主体分为 A~E 这五种类型(见表 5.6)。

表 5.6   人身险市场再保险需求五类主体分群标准(单位:亿元,家,%)

分类	年均再保险成本	组内公司数	组内平均再保险成本率
A	A≥0.1	17	0.18
B	0.01≤B<0.1	28	0.04
C	−0.01≤C<0.01	20	0.0025
D	−0.1≤D<−0.01	6	−0.07
E	E<−0.1	8	−0.18
合计	全样本区间	79	0.05

资料来源:根据保险行业协会、相关保险年鉴公开信息整理。

5.4.1   人身险市场再保险需求 A 类主体

A 类主体代表年均再保险成本大于 0.1 亿元的人身险公司,A 类主体平均再保险分出成本率为 0.18%。A 类主体共计 17 家,包括第一梯队的国寿股份和平安寿,第二梯队的天安人寿、华夏人寿、农银人寿、前海人寿和富德生命人寿,第三梯队的太平养老、太保安联健康和泰康养老,第四梯队的招商信诺、信诚人寿和中美联泰,以及第五梯队的中意人寿、平安健康和中英人寿,还有未划分梯队的平安养老。A 类主体包括 11 家中资人身险公司,6 家外资人身险公司(见表 5.7)。

表 5.7   人身险市场再保险需求 A 类主体(单位:亿元,%,年)

公司	历年分保总成本	年均分保成本	年均分保成本率	观察期
天安人寿	41.08	3.42	3.77	12
平安养老	22.62	2.51	2.87	9
国寿股份	19.17	1.60	0.05	12
中意人寿	5.09	0.42	0.76	12
太平养老	2.95	0.42	1.67	7

公司	历年分保总成本	年均分保成本	年均分保成本率	观察期
平安寿	4.36	0.36	0.02	12
华夏人寿	3.79	0.34	0.22	11
信诚人寿	3.61	0.30	0.66	12
前海人寿	1.56	0.26	0.21	6
富德生命人寿	3.05	0.25	0.07	12
农银人寿	2.93	0.24	0.33	10
招商信诺	2.61	0.24	0.49	12
平安健康	2.56	0.23	5.45	11
中美联泰	2.58	0.21	0.46	12
太保安联健康	0.53	0.18	2.76	3
泰康养老	0.81	0.16	0.72	6
中英人寿	1.22	0.10	0.27	12

资料来源：根据保险行业协会、相关保险年鉴公开信息整理。

A 类主体的经营时间以 10 年及以上为主。17 家公司中，来自各层级保费规模的公司都有，这意味着保费规模和公司股权性质并非影响人身险公司再保险成本的主要因素。整体看，A 类主体中，专业养老、健康公司再保险分出成本较高，如太平养老、平安健康和太保安联健康等公司，其中平安健康的年均再保险成本率为 5.45%，观察期内的分保比例较高，年均分保比例为 19.67%，在人身险市场整体分保比例较低且大部分人身险公司分保比例不太稳定的情况下，体现了专业健康险发展对再保险的依赖性较高（见图 5.9）。

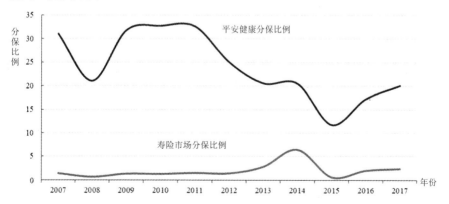

图 5.9　2007—2017 年平安健康与境内人身险市场分保比例对比（单位：%）

资料来源：根据相关保险年鉴、保险行业协会公开信息整理。

5.4.2　人身险市场再保险需求 B 类主体

　　B 类主体的年均再保险成本介于 0.01 亿元和 0.1 亿元之间，组内平均的年均再保险成本率为 0.04%。28 家公司中，第一梯队的有人保寿险和泰康人寿，第二梯队包括民生人寿、国华、幸福人寿、百年人寿和珠江人寿，第三梯队的有昆仑健康、英大人寿等 10 家，第四梯队的有交银康联，第五梯队的包括华泰人寿、中德安联等 10 家（见表 5.8）。

表 5.8　人身险市场再保险需求 B 类主体（单位：亿元，%，年)

公司	历年分保总成本	年均分保成本	年均分保成本率	观察期
昆仑健康	0.90	0.09	2.95	10
华泰人寿	0.96	0.08	0.31	12
中德安联	0.81	0.07	0.32	12
英大人寿	0.73	0.07	0.49	11
民生人寿	0.72	0.06	0.08	12
国华	0.59	0.06	0.05	10
幸福人寿	0.56	0.05	0.08	11
上海人寿	0.15	0.05	0.07	3
百年人寿	0.37	0.04	0.05	9
中航三星	0.45	0.04	0.36	12
北大方正	0.42	0.04	0.49	12
交银康联	0.36	0.03	0.11	12
恒安标准	0.32	0.03	0.20	12
光大永明	0.32	0.03	0.09	12
华贵人寿	0.02	0.02	0.58	1
中华人寿	0.07	0.02	1.22	3
利安人寿	0.16	0.02	0.05	7
东吴人寿	0.14	0.02	0.14	6
人保寿险	0.27	0.02	0.00	12
泰康人寿	0.24	0.02	0.00	11
德华安顾	0.09	0.02	1.37	5
瑞泰人寿	0.21	0.02	0.45	12
珠江人寿	0.10	0.02	0.04	6
长生人寿	0.18	0.02	0.33	9
中荷人寿	0.16	0.01	0.08	12
君龙人寿	0.12	0.01	0.41	9
吉祥人寿	0.07	0.01	0.07	6
信美人寿	0.01	0.01	0.23	1

　　资料来源：根据保险行业协会、相关保险年鉴公开信息整理。

B 类主体的构成同样包括了五个梯队的公司，其中第三梯队和第五梯队的公司最多，合计占 B 类主体的 71.4%，即 B 类主体中大部分是 2017 年保费收入不超过 100 亿元的公司。除了 5 家公司的有效观察期在 5 年及以下之外，其余公司的有效观察期均在 5 年以上。组内中资和外资人身险公司的年均再保险成本率差距较大，17 家中资人身险公司的平均年均再保险成本率为 0.03%，11 家外资人身险公司平均为 0.25%。总体来看，外资人身险公司再保险成本率较高。

5.4.3 人身险市场再保险需求 C 类主体

C 类主体的年均再保险成本介于−0.01 亿元与 0.01 亿元之间，共有 20 家公司，组内平均再保险成本率为 0.0025%。其中 15 家为中资人身险公司，5 家为外资人身险公司。第二梯队的有中邮人寿，第三梯队的包括爱心人寿、国联人寿、弘康人寿等 10 家公司，第五梯队的包括汇丰人寿、复星保德信、中韩人寿和陆家嘴国泰 5 家公司，另外还有 2017 年数据缺失因此没有划分梯队的安邦人寿、和谐健康、安邦养老、中法人寿和华汇人寿（见表 5.9）。

表 5.9 人身险市场再保险需求 C 类主体（单位：亿元，%，年）

公司	历年分保总成本	年均分保成本	年均分保成本率	观察期
汇丰人寿	7.94	0.88	0.15	9
中邮人寿	6.87	0.76	0.00	9
爱心人寿	0.58	0.58	1.31	1
国联人寿	1.70	0.57	0.07	3
安邦人寿	2.71	0.54	0.00	7
和谐健康	3.85	0.35	0.00	11
弘康人寿	1.44	0.24	0.01	6
陆家嘴国泰	2.45	0.20	0.04	12
复星联合健康	0.19	0.19	0.33	1
招商仁和	0.05	0.05	0.01	1
复星保德信	0.21	0.03	0.02	6
安邦养老	0.06	0.03	11.60	2
中法人寿	0.28	0.02	0.03	12
渤海人寿	0.06	0.02	0.00	3
国寿养老	0.00	0.00	0.00	10
长江养老	0.00	0.00	0.00	9
中韩人寿	−0.07	−0.01	0.00	5
和泰人寿	−0.22	−0.22	−0.14	1
华汇人寿	−0.25	−0.25	−0.17	1
横琴人寿	−0.91	−0.45	−0.11	2

资料来源：根据保险行业协会、相关保险年鉴公开信息整理。

C 类主体的有效观察期普遍较短，20 家公司中有 10 家公司的观察期在 5 年及以下，汇丰人寿的年均再保险成本最高，为 88 万元，组内最低的横琴人寿年均再保险成本为-45 万元。剔除有效观察期在 5 年及以下的公司，C 类主体的年均再保险成本在 30 万元左右，高于全组的均值 18 万元；平均再保险成本率为 0.0044%，与全组均值差距非常小，说明几家经营时间较短的公司拉低了全组的平均再保险成本，对全组的再保险成本率影响不大。

C 类主体以中小型的人身险公司为主，其成立时间长，资金规模较小，自身的风险应对能力较弱，因此需要再保险业务来转移风险，或是通过财务再保险来调节利润，维持经营的稳定。但是由于人身险市场的产品特性，与财险市场相比，其再保险需求并不高；并且中小型人身险公司的保费收入和资金规模都比较有限，难以进行规模庞大的再保险业务，因此总体来说其再保险成本和再保险成本率均低于大型人身险公司。

5.4.4   人身险市场再保险需求 D 类主体

D 类主体是再保险成本介于-0.1 亿元和-0.01 亿元之间的主体，其年均再保险成本率为-0.07%，共有 6 家公司，包括第二梯队的人保健康和建信人寿、第四梯队的恒大人寿、第五梯队的同方全球和中宏人寿，以及未划分梯队的友邦保险。D 类主体的有效观察期均在 10 年以上，除人保健康和建信人寿外均为外资人身险公司（见表 5.10）。

表 5.10   人身险市场再保险需求 D 类主体（单位：亿元，%，年）

公司	历年分保总成本	年均分保成本	年均分保成本率	观察期
人保健康	-0.15	-0.01	-0.01	12
同方全球	-0.15	-0.01	-0.11	11
中宏人寿	-0.40	-0.03	-0.12	12
友邦保险	-0.39	-0.04	-0.04	11
建信人寿	-0.83	-0.07	-0.06	12
恒大人寿	-1.07	-0.09	-0.30	12

资料来源：根据保险行业协会、相关保险年鉴公开信息整理。

5.4.5 人身险市场再保险需求 E 类主体

E 类主体是再保险分出业务成本小于-0.1 亿元的主体，其再保险成本率为-0.18%，共计有 8 家公司。其中包括第一梯队的太平人寿、太保寿和新华人寿，第二梯队的合众人寿和阳光人寿，第三梯队的长城人寿和中融人寿，以及第四梯队的工银安盛。

表 5.11　人身险市场再保险需求 E 类主体（单位：亿元，%，年）

公司	历年分保总成本	年均分保成本	年均分保成本率	观察期
长城人寿	-4.70	-0.39	-1.63	11
中融人寿	-2.37	-0.39	-1.44	6
合众人寿	-5.33	-0.44	-0.47	12
太平人寿	-6.57	-0.55	-0.11	12
阳光人寿	-7.17	-0.72	-0.34	10
太保寿	-9.98	-0.83	-0.09	12
工银安盛	-10.41	-0.87	-0.79	12
新华人寿	-11.71	-0.98	-0.12	11

资料来源：根据保险行业协会、相关保险年鉴公开信息整理。

E 类主体中以第一、第二梯队的公司为主，共有 5 家，占比为 62.50%，组内再保险成本最高的为-0.39 亿元，相应年均再保险成本率为-1.63%，也处于组内最高；组内年均再保险成本最低的为-0.98 亿元，对应年均再保险成本率为-0.12%，也处于较低水平。

5.5 典型公司再保险成本分析

为了更深入地了解不同人身险公司的再保险成本，我们根据境内寿险公司的历年再保险成本变动情况分别选取了再保险成本长期为正、正负均匀分布和长期为负的典型公司进行案例剖析。

5.5.1 再保险成本长期为正的典型公司

G 公司是一家大型人身险公司，年均再保险成本位于境内人身险公司的第三位，除了 2008 年再保险成本为负之外，其他年份均为正数，是第一梯队中唯一再保险成本长期为正的公司。由于 G 公司保费收入规模较大，其年均再保险成本率仅为 0.05%，略高于 0（见图 5.10）。

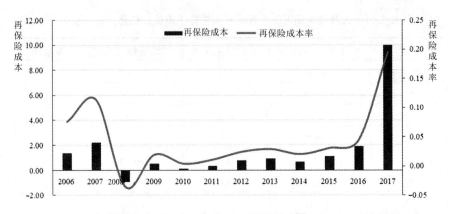

图 5.10　G 公司再保险成本与再保险成本率（单位：亿元，%）

资料来源：根据保险行业协会、相关保险年鉴公开信息整理。

5.5.2 再保险成本正负均匀分布的典型公司

R 公司是一家专业健康险公司，2006—2017 年平均再保险成本约为 -0.0121 亿元，年均再保险成本率为-0.01%（见图 5.11）。在 12 年的有效观察期中，5 年再保险成本为负，7 年为正，并且正负总额基本相抵，总体来说再保险成本的正负分布较为均匀。该公司分保比例呈现先涨后跌的趋势，2006—2010 年分保比例从 4.96%上升至 42.12%，随后逐年下降到 2017 年的 5.59%，净摊回与分出保费基本呈同向变动趋势。

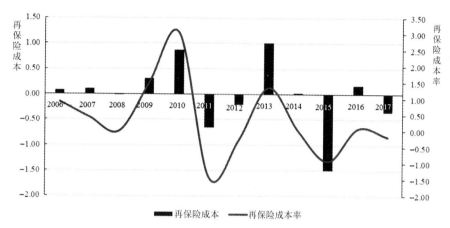

图 5.11　R 公司再保险成本与再保险成本率（单位：亿元，%）

资料来源：根据保险行业协会、相关保险年鉴公开信息整理。

如图 5.12，第一梯队中的 T 公司再保险成本也基本呈正负均匀分布的规律，其年均再保险成本为 0.0198 亿元，由于年均保费收入较高，因此年均再保险成本率略高于 0，再保险成本及再保险成本率呈现震荡起伏的波动趋势。

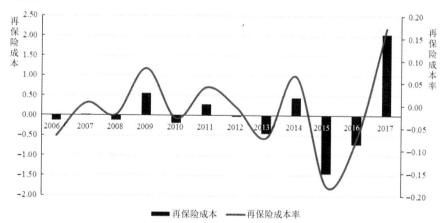

图 5.12　T 公司再保险成本与再保险成本率（单位：亿元，%）

资料来源：根据保险行业协会、相关保险年鉴公开信息整理。

5.5.3　再保险成本长期为负的典型公司

GA 公司是一个合资公司，2006 年以来年均再保险成本为 -0.8674 亿元，年均再保险成本率为-0.79%。2011—2017 年中只有 2014 年的再保险成本为正。近三年来该公司的再保险分出成本越来越低，2017 年再保险成本为-6.383 亿元，再保险成本率为-1.61%。

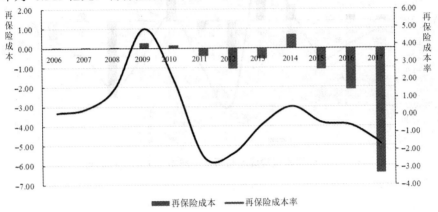

图 5.13 GA 公司再保险成本与再保险成本率（单位：百万元，%）

资料来源：根据保险行业协会、相关保险年鉴公开信息整理。

如图 5.14，GA 公司的再保险成本在 2011 年开始下降，主要与其业务结构和偿付能力有关。业务结构方面，2013 年开始转型，传统寿险所占比重不断上升。为转移风险，2015—2017 年分出保费不断上升，3 年间的平均分出保费为 34.31 亿元，同期年平均净摊回为 37.5 亿元。

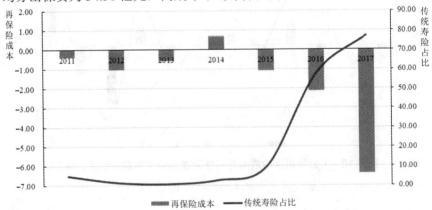

图 5.14 GA 公司传统寿险占比与再保险成本（单位：亿元，%）

资料来源：根据保险行业协会、相关保险年鉴公开信息整理。

5.6　小结

人身险公司的分出行为与财险公司具有很大的不同，由于人身险经营本身受到巨灾事件的影响较小，整体看对再保险的需求较小。随着人身险业务回归风险保障本源，2017 年以来再保险需求呈现逐渐上升态势。随着"偿二代"监管政策的实施以及行业资本的补充，人身险公司为缓解偿付能力压力而安排的财务再保险呈现减少趋势。

一是人身险再保险需求随业务结构变化逐步回归风险保障，人身险再保险市场发展前景良好。在经历 2015 年低谷后，人身险再保险分出规模快速反弹，呈现出稳步增长态势，这在健康保险、医疗保险、意外险等领域表现尤其显著。尽管"偿二代"实施后，缓解偿付能力再保险需求大幅下降，但人身险行业回归风险保障本源激发了再保险需求，预计未来仍将保持这一发展趋势。2018 年三季度健康险再保险与意外险再保险增速分别达到了 65%和 40%，远高于同期同类直保业务。

二是再保险公司深度参与保障型产品开发。由于寿险、健康险创新产品的开发需要大量的数据支持，受限于数据积累与经验欠缺，产品的定价与条款设计都是目前国内寿险公司的短板，因此再保险公司是重疾险、医疗健康险等产品创新与开发的重要发动者和最终风险承担者。从前文分析中看出，太保安联健康、平安健康等分出比例均达到了 10%以上，远远高于人身险公司整体水平。

三是人身险公司分出业务具有很大差异性。与财险再保险不同，人身险公司再保险分出合作伙伴较为集中且固定。从统计分析数据看，分出规模、分保成本、分出比例以及直保业务规模均不存在显著的关联关系，且各家人身险公司的分出业务性质、业务品质存在较大差异。因此，对人身险再保险业务，专业再保险公司应综合应对，防范其中潜在的经营风险。

6　中国再保险市场发展展望

　　党的十九大报告做出了"中国特色社会主义进入新时代"的重大历史判断。中国经济已由高速增长阶段转向高质量发展阶段，正处在转变发展方式、优化经济结构、转换增长动力的关键时期。特别是 2017 年全国金融工作会议明确提出，为实体经济服务是金融的天职，回归本源，服务于经济社会发展，是做好金融工作的重要原则。在变革的时代，积极适应人民对美好生活的向往，保险业发展动力也在加快转换，中国保险业发展的深度和广度将进一步提升，这就为中国保险业与再保险业发展提供了广阔的空间。

6.1　直保市场加快转型，再保险市场开启新增长周期

6.1.1　我国再保险市场最新发展

　　2018 年前三季度统计数据显示，在经历了 2015 年、2016 年巨灾冲击以及"偿二代"政策实施影响后，中国再保险市场恢复性增长的态势初步确立。保费增速、盈利增速开始触底回升。

　　国内财产险公司分出比例回升，分出保费增速高于其原保险业务收入增速。2018 年前三季度，保险行业原保险保费收入合计 3.07 万亿元，同比增长 0.67%。其中财产险 0.80 万亿元，同比增长 10.69%；人身险 2.27 万亿元，同比下降 2.45%。国内财产险公司分出保费总计 855.56 亿元，同比增长 14.02%，较其保险业务收入（12.47%）增速高 1.55 个百分点，考虑到车险业务仍占行业总保费的 60% 以上，且车险分出比例持续下降，意味着非车险再保险需求处于旺盛态势。与寿险直保业务负增长形成鲜明对比，

寿险再保险业务同比增长达到了 10%。

再保险公司分保费收入增速持续回升，净利润稳步改善。如图 6.2，2018 年 1—3 季度，再保险公司合计分保费收入 1119 亿元，同比增长 24%，较上年同期增速（18.64%）高 5.36 个百分点，近三年同期增速呈持续上升趋势。再保险公司净利润合计 38.16 亿元，同比增长 39.37%，再保险公司净利润同比增速较上年同期由负转正，近三年净利润及同期增速呈 "U" 形变化（同图 6.1）。

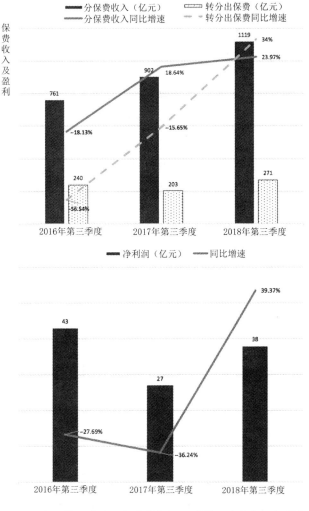

图 6.1 中国再保险公司保费收入及盈利状况（单位：亿元）

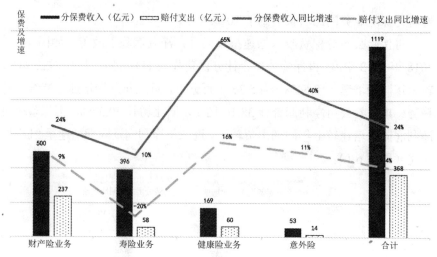

图 6.2 2018 年 1-3 季度中国再保险市场业务构成及增速（单位：亿元，%）

图 6.2 中，再保险市场各险类分保费收入均为同比正增长，健康险、意外险成为行业增长新亮点。财产险、寿险、健康险、意外险四大类再保险业务均保持快速增长态势，其中健康险、意外险增速处于领先地位。具体来看，财产险再保险保费收入 500 亿元，同比增长 24%；寿险再保险保费收入 396.3 亿元，同比增长 10%；健康险再保险保费收入 169 亿元，同比增长 65%；意外险再保险保费收入 53 亿元，同比增长 40%。

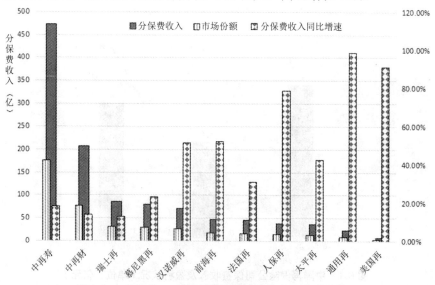

图 6.3 2018 年 1-3 季度中国再保险公司业务发展情况

如图 6.3，各专业再保险公司均呈现良好发展态势，民族再保险业市场份额进一步提升。2017 年人保再保险公司、前海再保险公司正式营业，中国市场民族再保险公司增加到 4 家，3 家新设主体增速整体位居行业领先地位。中资再保险公司市场份额提升到 72%，彻底扭转了"十二五"时期外资公司占主导地位的局面。

6.1.2 直保市场的结构性变化带动再保险需求上升

随着实体经济供给侧结构性改革深化，直保市场将快速进入结构转变、动力转换的新发展周期，保险深度将稳步赶超全球平均水平。2014—2017 年，中国保险深度从 3.2% 上升到 4.4%，摆脱了十余年的徘徊格局，初步呈现出加速态势；同时，相对 2017 年全球平均 6.1% 保险深度和欧美成熟市场 7%～9% 的发展水平，仍存在较大缺口需要弥补。主要体现在：

（1）财险市场增长动力逐步从车险向非车险转换。2017 年开始，非车险业务带动了产险保费的提速。2017 年车险保费仅增长 10%，但非车险保费同比增长 24%，带动产险公司保费增长 13.8%，远优于 2015 年和 2016 年分别为 11.6%、10.0% 的增速水平，保费增速摆脱了持续下滑（2011—2016 年）的局面。2018 年上半年财险市场增速达到 14.2%，是近 4 年来最高增速，车险对市场的增量占比仅为 26.6%，同比下降 20 个百分点；商业非车险增量占比 46.7%，是支撑市场发展的主要动力（图 6.4）。预计非车险业务正处于快速增长期，能在车险平稳增长的情况下，带动财险市场保费增速在未来 3～5 年维持在 15% 附近。非车险的快速发展所暴露出的风险敞口迫切需要再保险提供保障支持。

（2）财险行业马太效应显著，承保利润向大型公司集中。财险行业风险结构分化显著，2018 年上半年财险行业净利润 2017 亿元，其中前 8 家大型财险公司净利润合计 217 亿元，77 家中小型公司净利润亏损 10 亿元，承保利润向大型财险公司集中。经营活动现金流下降，受到车险费改的影响，2018 年上半年财险行业经营活动现金流 49 亿元，同比下降 86%，10 年来最大，其中前 8 家大型财险公司因车险业务占比较高，经营活动现金

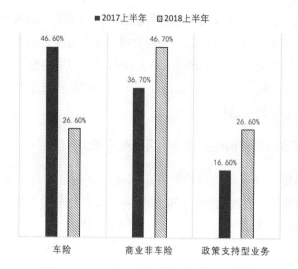

图 6.4　国内财险市场分险种市场增量对比

流流出 44 亿元，中小型公司现金流流入 92 亿元（见图 6.5）。未来财险行业车险业务面临盈利能力下滑的风险，非车险业务盈利能力将对财险公司净利润产生重要影响。随着承保利润向大型公司集中，中小型财产险公司对稳定经营绩效，减少收益波动的需求更加强烈，未来对再保险的需求呈上升趋势。

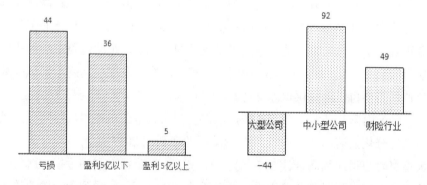

图 6.5　2018 上半年财险行业净利润及经营活动净现金流（单位：亿元）

（3）新兴商业非车险业务增长潜力巨大，成为直保公司重点拓展领域。如前所述，商业非车险呈现出快速发展的势头。2018 年上半年，市场商业非车险增速达 31.1%，服务工业的首台套/新材料业务、服务互联网消费经济的互联网保险业务、服务社会治理的治理类责任险业务、服务信贷需求的保证险业务合计增加 253 亿元，占上半年商业非车险市场增量的 66%，是推动商业非车险发展的主要动力。上市险企 2018 年半年报披露，非车险继续保持快速增长，5 家上市险企非车险业务平均同比增长了 43.92%。

（4）人身险市场，健康险增长迅速，健康产业生态圈正在构建。健康险增长迅速，未来市场需求旺盛。2011 年以来，健康险增速显著高于寿险，2011—2017 年寿险、健康险、意外险年均复合增速分别为 12%、31%、19%。健康险的保费占比从 2010 年的 6% 提升至 2017 年的 16%。保险公司均将健康险等长期保障型业务作为发展重点，人口老龄化加剧且预期寿命延长，医疗费用快速攀升等，使商业健康险在医保体系和人身险业务中的地位持续上升。作为重要的新兴领域，健康险业务快速发展对再保险提出更高的需求。

6.1.3 再保险市场有望开启新增长周期

从宏观层面看，再保险市场发展潜力主要取决于两个缺口，其一是原保险市场的发展水平与需求缺口；其二是再保险市场发展水平与需求缺口。目前来看，我国原保险市场的深度和密度相对国际平均水平还有较大差距，业务结构也和成熟市场存在较大差异；同时，原保险发展水平较低，也抑制了再保险需求，再保险分保比例显著低于成熟市场主体。两个缺口都很大，已经不适应新时代经济社会主要矛盾的变化。进入新时代，随着我国社会主要矛盾的逐步解决，两个缺口都将稳步得到填补，将会释放出巨大的再保险需求，蕴涵着巨大的再保险发展机遇。

一方面，直保市场分出比例将稳步回升至 10% 以上，推动再保险市场以高于直保市场的速度增长。顺应供给侧改革全面推进之势，直保公司再保险风险保障需求长期疲软的状况将得到显著改善。在传统以车险、理财型保险为主的产寿险市场发展格局中，再保险风险保障需求不强。例如，当前我国财产险分出比例为 9% 左右，美国、德国、英国约为 45%、20%、20%；人身险分出比例为 2%～2.5%，美国、日本、新加坡约为 25%、5%、5%。以法定权益保障为主的责任险、以高品质生活保障为主的健康险、养老险，是战后发达国家保险业深化的主要动力，也是保障人民美好生活的重要机制。进入新时代，随着国家治理现代化体系建设深入推进以及社会主要矛盾变化与逐步解决，我国责任保险、巨灾保险、健康保险、养老保险等，将成为行业提质增效、升级换挡、动力转换、服务供给侧改革的基本支撑点和立足点，由此带来的直保公司分出比例会稳步向国际平均水平趋同，并将推动再保险市场以高于直保市场的速度更快发展。

另一方面，国际再保险市场已处于历史性底部，未来发展形势将稳中向好。经历了 2017 年北美巨灾重损，2018 年以来国际再保险市场已经呈现出恢复性增长，尽管软周期的现状仍未根本性改变，但是市场环境继续恶化的可能性不大。2018 年国际再保险行业呈现出三个显著的底部特征。

一是再保险市场资本规模处于近 10 年高位，继续增长的动力开始弱化。根据 Aon 研究报告，如图 6.6 所示，2018 年上半年全球再保险行业资本 6050 亿美元，规模与 2017 年末相同，资本供给依然充裕，仍处于再保险行业近 10 年来的高位，且传统资本已显现出下降压力。以 ILS 为代表的巨灾债券收益率持续下滑，2018 年仅为 2.72%，分别较近 5 年平均、近 10 年平均低 2.39 个百分点和 3.81 个百分点，巨灾债券收益率已经接近 10 年的低谷，巨灾债券高收益特征大打折扣。特别是随着美国加息周期的启动，全球过度宽松的货币环境持续性也将面临挑战，另类资本规模维持过去几年高增长态势的金融环境正在发生变化。

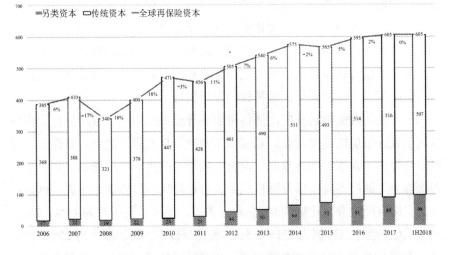

图 6.6　2006—2018 年全球再保险资本规模（单位：10 亿美元）

资料来源：Aon。

二是再保险市场价格趋于稳定，触底迹象显著。2017 年全球巨灾损失创历史最高纪录，尽管受到资本宽裕的影响，市场价格并未如期大幅上扬。但 2018 年行业领导公司（慕再、瑞再、汉再）北美市场受损区域 1.1、7.1 合约续转价格微涨，其他区域维持原有价格。作为主要再保险市场之一的日本，2018 年遭受了较为严重的巨灾损失，区域市场价格回升态势显著，国际市场周期转换的积极因素正在日益积累。事实上，自 2017 年年初续转开始，国际再保险市场费率水平下跌幅度已经大幅缩小，目前已经处于历史最低水平，预计未来持续下降的空间有限。从承保业绩看，2018 年以来已趋于稳定，Aon 样本再保险公司[①]数据显示，2018 年上半年，平均综合成本率 94.4%，与上年同期相似；自然灾害损失低于长期平均值，再保险市场承保盈利能力趋好（如图 6.7）。

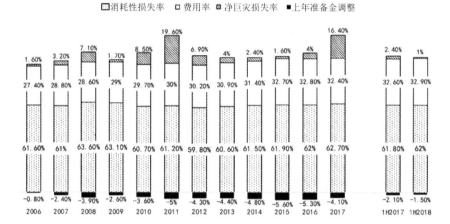

图 6.7 2006—2018 年全球再保险公司平均成本率

资料来源：Aon。

三是再保险市场规模呈现复苏增长。根据 Aon 样本再保险公司统计数据，如图 6.8 所示，2018 年上半年保费收入 1440 亿美元，较 2017 年同期增长 13.4%，其中财产险 1040 亿元，同比增长 15.5%。从国际同业看，瑞再、慕再年中 7.1 续转保费规模分别增长 9%、4.2%。国际再保险市场保费规模呈现了恢复性增长态势，穆迪在 2017 年就已经将再保险行业展望从

---

① Aon 样本再保险公司：Alleghany, Arch, Argo, Aspen, AXIS, Beazley, Everest Re, Fairfax, Hannover Re, Hiscox, Lancashire, MAPFRE, Markel, Munich Re, Partner Re, QBE, RenRe, SCOR, Swiss Re, Validus and XL Catlin。

负面调整为稳健，2018 年继续维持展望稳健。

图 6.8   2006—2018 年全球再保险公司保费收入（单位：10 亿美元）

资料来源：Aon。

可以说国内再保险行业面临结构性发展机遇，"政府+""企业+"等再保险新需求正在涌现，直保市场增长动力的快速转换为再保险市场发展提供了良好的机遇；国际再保险市场软周期处于底部，呈现出恢复性增长态势，并有望开启新一轮增长周期。

6.2   国民经济高质量发展，居民消费升级，奠定保险/再保险发展坚实基础

在十九大的新发展蓝图中，中国经济将进入高质量发展阶段，发展动力更强、质量更好、效益更高，为直保市场的快速发展奠定了坚实基础，也为再保险市场的发展提供了客观支撑。

6.2.1   未来较长时期国民经济能够保持中高速增长

在新时代，中国经济能够在中速平台上实现更高质量的发展。从经济总量看，根据国家发改委的研究成果，"十三五"期间中国经济平均增速将

为 7%左右，按照 2%的通货膨胀率，预测 2020 年中国国内生产总值（GDP）将超过百万亿级。如图 6.9，2017 年中国 GDP 已达到 82.7 万亿元，占全球比重的 15%。以 2017 年 GDP 为基数，按照 6.5%的增速估算，到 2020 年中国经济规模将达到百万亿元。从人均 GDP 看，2017 年中国人均 GDP 突破 8000 美元，到 2035 年基本建成现代化国家，人均 GDP 将达到 32000 美元。根据保险"S"形曲线发展规律，人均 GDP 在 5000～35000 美元之间的国家，保费收入增长最快（图 6.10）。我国目前正处于保险需求快速释放的区间，这一阶段也是再保险发展的黄金期。

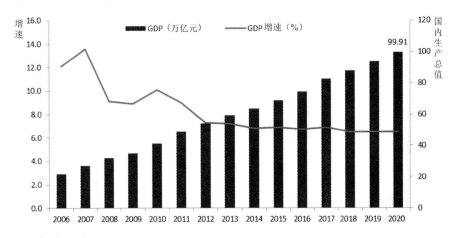

图 6.9　2006—2020 年中国国内生产总值及其增速

注：2018 年、2019 年和 2020 年为预测值。

资料来源：国家统计局网站。

　　瑞再 *Sigma* 杂志的研究显示，中国是全球保险市场的最大增长来源，由于人口和经济规模庞大，得益于中国保险深度大幅提高和强劲的经济增长，至少未来 10 年中国仍是新兴市场中对全球保险市场贡献最大的国家。特别是围绕满足人民对美好生活的向往、围绕解决经济不平衡不充分发展的矛盾，乡村振兴战略、区域协调发展战略、全面开放战略、健康中国战略、工业 2025 战略等一系列供给侧结构性改革举措的推进，将为拓宽保险服务领域提供广阔空间，极大促进保险及再保险市场的发展。

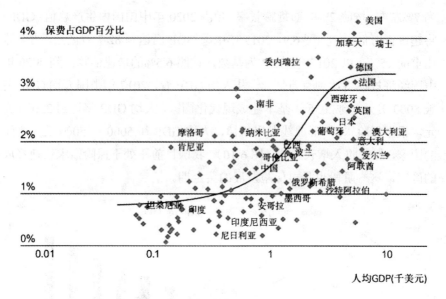

图 6.10   人均 GDP 与保费收入的"S"形曲线

资料来源：*Sigma*。

6.2.2   服务业务占比不断提升

目前，中国经济出现服务化趋势，服务化将带动保险产业以更快的速度发展。当一国的服务业在 GDP 中的比值和就业人口中的比例均超过 50% 并保持增长的态势时，就可以认为是经济服务化。早在 20 世纪 80 年代后期，发达国家普遍出现了经济服务化的趋势。我国的服务业现已成为新一轮经济增长的"火车头"，如图 6.12、图 6.13，2017 年中国第三产业对 GDP 的贡献达到 58.5%，比第二产业高出 22.3 个百分点，对当年 6.9% 的 GDP 增速贡献了 4.0%，标志着中国经济正式迈入"服务化"时代。保险业本身也是服务业的重要组成部分，服务业快速发展也会为保险业开辟新的增长领域，特别是责任险有广阔的发展空间，如服务业专业人士履职相关职业责任保险、雇主责任保险，与服务场所相关的公共场所责任保险等。

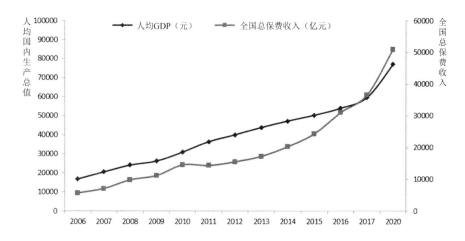

图 6.11 2006—2020 年中国的人均 GDP 与保费收入

注：2020 年为预测值。

资料来源：国家统计局网站。

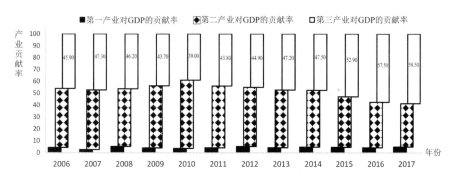

图 6.12 2006—2017 年三大产业对 GDP 的贡献率（单位：%）

资料来源：国家统计局网站。

6.2.3 "一带一路"倡议加快实施

2013 年"一带一路"倡议提出以来，中国已与 106 个国家和 29 个国际组织签署了 150 份合作文件，与沿线国家进出口总额超过 6 万亿美元，在沿线国家建立了 82 个经贸合作区，中国累计对"一带一路"沿线投资超过 800 亿美元。

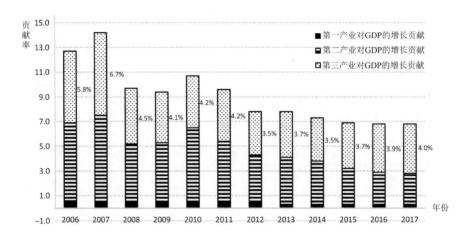

图 6.13   2006—2017 年三大产业对 GDP 的增速贡献（单位：%）

资料来源：国家统计局网站。

保险业服务"一带一路"建设是服务实体经济发展的重要体现。国际环境错综复杂，政治风险、经济风险、违约风险、法律风险等是需要考虑的重要因素，这正是再保险大有可为的领域。通过保险服务的延伸，可以有效化解"一带一路"核心区和节点城市建设中出现的各类风险，增强政府和企业应对风险的选择空间，有效保障中资海外利益。同时，还可以发挥保险业信息优势，为走出去企业提供风险咨询，加强"一带一路"沿线国家和地区的政策及形势研判，切实做好风险管控。

据瑞再研究预测，已规划的"一带一路"项目所产生的保费或将达到70 亿美元，其中 55 亿美元的保费或归属中国保险市场；到 2030 年"一带一路"的后续建设项目还将带来 270 亿美元的保费增长潜力，其中 160 亿美元或将归属于中国保险市场。此外，2015 年至 2030 年间，"一带一路"规划带动的贸易活动将为中国保险市场带来 15 亿美元的保费收入，其中 6 亿美元来自贸易信用险。综合测算，2015 年至 2030 年间，预计"一带一路"倡议或将为中国商业保险市场带来超过 230 亿美元的市场机会。

6.2.4   中产社会对保险需求旺盛，老龄化、城镇化激发保险需求

党的十九大提出，到 2020 年全面建成小康社会，实现第一个百年奋斗

目标，国内生产总值和城乡居民人均收入比 2010 年翻一番。根据麦肯锡的研究报告，到 2022 年，中国城镇人口有 76%将进入中产阶级，家庭年收入在 9000～34000 美元之间。

保险需求作为安全需求的重要载体，能够为高品质生活提供有效保障，是中产阶级的一种刚性需求。中产阶级对高质量生活的转变带动了保险的增长，比如，"大健康"生态圈的建设、高端重疾医疗保险的发展都是新时代居民生活向高质量转变的重要体现。从发达国家经验看，在美国能够得到医疗保险是中产阶级工作阶层及其家庭的一个重要目标。人均 GDP 提高将促使资产配置向保险产品转移，作为商业保险消费的主力军，中产阶层的兴起将切实激活和增强市场对保险的有效需求。根据瑞士再保险的研究，中国大陆中产阶层的风险防范意识很强，对保险和退休财务规划的需求更高。

总体而言，中等收入阶层的壮大将为保险发展形成更大规模的客户基础，相当数量的被动消费将转变为主动消费，大量的以养老、教育、疾病为目的的预防性储蓄将被相关的保险产品所代替，同时以保障财产安全为目的的财产险需求将大量增加，为保险业打开巨大的新空间。

银发经济也是我国未来消费经济的重要组成部分。老龄化加速发展与养老储备严重不足的矛盾，将催生巨大的养老和医疗保险需求，各类补充养老保险、健康保险以及围绕老年客户的各种养老健康服务产业将蓬勃发展。

"十三五"时期我国人口老龄化将加速发展。2017 年末，我国 60 周岁以上老年人口已达 2.41 亿，占比高达 17.3%；预计 2020 年将达到 2.55 亿，老年抚养比将从现在的 13%提高至 2050 年的 39%。过去对中国经济产生重大影响的人口红利将由正转负。与此相对应的是，我国养老储备严重不足，根据《2017 年度人力资源和社会保障事业发展统计公报》，2017 年末，基本养老保险基金累计结存 5.02 万亿元，企业年金累计结存 1.29 万亿元，社保基金资产总额 2.22 万亿元，养老储备累计约为当年 GDP 的 9.2%；而在 2011 年，美国的养老储备就达到 17.9 万亿美元相当于当年 GDP 的 1.19 倍。

老龄化加剧和养老储备不足将催生巨大的养老和医疗保险需求，为商业保险成为养老保障体系的重要支柱提供空间。研究表明，劳动力市场的结构性变化是年金等补充性养老保险业务启动发展的必要条件，我国各类补充养老保险业务将会出现较快发展，企业年金市场将出现每年过千亿的增量市场。同时，老龄化将从社会整体层面加速疾病谱的推移，慢性病人群规模越来越大，将形成很大的健康保险市场；老龄化还将加大对医疗护理的服务需求，尤其少子化、失能化趋势下对长期护理保险的需求将急剧增长。

未来的城镇化将由更加注重"城"向更加注重"人"转变，商业保险作为新的、现代化的保障手段将代替土地、血缘等传统生活保障，迎来大需求。法治中国建设有利于充分发挥保险在促进社会管理创新、有效化解矛盾纠纷方面的功能作用，推动保险业特别是责任保险等法律创造型险种进入发展快车道。

中央高度重视城镇化发展，党的十八届三中全会提出要完善城镇化健康发展体制机制。据国家统计局数据，2017年全国户籍人口城镇化率为42.35%、城镇常住人口占总人口比重为58.52%。"十二五"期间，城镇化率年均提高1.2个百分点，8000多万农业人口转移成为城镇居民。根据《国家人口发展规划（2016—2030）》，常住人口城镇化率2020年将达到60%，2030年达到70%。可以说，"十三五"时期也是我国城镇化转型的关键时期，城镇化将由更加注重"城"向更加注重"人"转变，农业转移人口市民化、城镇品质提升、城镇化格局优化、城镇化体制机制创新将成为城镇化的重点。

城镇化将有力推动保险保费的增长。人们在脱离土地、血缘等传统生活保障的依托之后，商业保险作为新的、现代化的保障手段将迎来极大的需求，获得极大的新的业务空间和成长人群。各国发展历史证明，城镇化率与保险深度、保险密度之间存在较强的相关关系，城镇化率每提升1个百分点，保险密度将提升5个百分点，保险深度增加4.4个百分点。商业保险在统筹城乡发展、完善社保体系、辅助社会管理等提升城镇综合承载能力方面不可替代的优势将进一步显现，在服务新型城镇化发展中将发挥更加积极的作用。比如补充养老保险领域，农民工群体的养老保险将成为新的业务增长点；比如人身意外保险领域，农民工意外险将得到极大发展；再如医疗保险领域，农民工基本医疗保险受托管理、农民工大病保险将有更高的需求。

6.3 政府职能转变，拓宽保险/再保险服务领域

推进国家治理体系和治理能力现代化是全面深化改革的重要目标。保险与再保险机制能够为国家治理现代化建设提供重要助力，在优化公共资源配置、提升政府服务效率等方面发挥重要作用。积极参与社会治理，是时代发展对保险业提出的新使命，也为保险业发展提供了新机遇。

6.3.1 保险（再保险）机制融入社会公共服务领域

从国际经验看，从 20 世纪七八十年代开始，引入市场化的社会力量参与社会管理的做法在西方发达国家十分普遍。美国、英国、德国等发达国家，围绕公共服务供给进行了一系列以市场化购买为主的改革，如今已经形成了一套颇有成效的模式，既优化了政府职能，又有效促进了公共服务的公平、效率和效益。如经合组织国家，政府每年购买的公共服务净额已占到 GDP 的 1%以上。

在经济市场化过程中，政府、市场和各类社会组织在国家治理中所承担的职能以及发挥作用的方式将发生深刻改变，催生巨大的政府委托保险与再保险市场。根据 *Sigma* 数据，目前我国保险业的政府委托业务占 GDP 比重仅为 0.01%，若政府委托保费规模达到全球平均水平（0.1%），则保险业的政府委托保费收入将达到目前的 10 倍，这说明我国保险业在"十三五"期间涉足社会管理和公共服务领域还有极大的空间和机遇。

在大病保险领域，按照现在每人 20～30 元筹资额来看，预计"十三五"期末，大病医保市场规模将逐步增加到 300 亿～400 亿元。又如医保经办领域，按照当前每年 30 亿～40 亿元的医保经办支出计算，每年经办费用增长 15%左右估算，到"十三五"期末，全国医保经办费用有望翻番，达到 60 亿～80 亿元，将成为商业保险拓展健康管理的新领域。

在巨灾风险领域，随着巨灾保险及巨灾债券、巨灾风险保障基金等一系列巨灾风险机制逐步落地，巨灾保险市场将成为"十三五"期间新的市场蓝海。比如，深圳市政府作为巨灾保险的首批试点地区，已经建立起政府巨灾救助保险、巨灾基金、个人巨灾保险三位一体的巨灾体系，2018 年

山竹台风发生后，只要涉及 15 种灾害及引发的次生灾害，每人最高可获得 10 万元赔偿。

6.3.2 责任保险深入社会治理

党的十九大报告提出，要建立共建共治共享的社会治理格局，提高社会治理社会化、法治化、智能化、专业化水平。责任保险是法治社会框架下化解社会转型风险和矛盾的重要工具。目前各地政府都在积极创新社会治理机制，责任保险必将迎来发展的黄金时期。

从国际经验看，早在 20 世纪 70 年代，美国的各种责任保险业务保费收入就占整个非寿险业务收入的 45%～50%，欧洲一些国家的责任保险业务收入占整个非寿险业务收入的 30% 以上，日本等国的责任保险业务收入也占其非寿险业务收入的 25%～30%（图 6.15）。

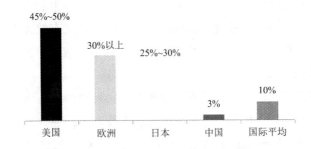

图 6.15   主要国家责任险发展水平（责任险占总保费比重）

从国内实践看，目前我国责任险占财产险市场的比例不足 3%，远低于国际 10% 的平均水平，还有很大的发展空间。随着法治中国建设的推进，《侵权责任法》等法律体系的完善和实施，责任保险的功能逐步被社会各界广泛关注并重视。在社会治理的许多重点领域，例如建筑施工和质量安全管理、生态文明建设、安全生产管理、平安医院和校园安全建设等方面，都有保险大显身手的机会。近年来，各地推出的公共安全、医疗纠纷等领域的责任保险逐步成为辅助社会治理的有效手段，环境污染责任险在助力污染治理攻坚战方面效果初显。

6.4 科学技术进步，促使再保险商业模式创新

新技术广泛应用改变了保险行业传统经营模式，也带来了新风险，这都将对保险与再保险行业发展带来新机遇。

6.4.1 再保险服务模式创新

《中国保险业发展"十三五"规划纲要》对再保险市场的发展已经有明确的表述："发挥再保险对保险市场的创新引领作用，鼓励再保险公司与原保险公司在产品开发、服务网络、数据共享等方面开展深度合作，扩大我国保险市场的承保能力。"在传统模式下，无论是保险产品的开发设计、市场销售还是风险控制，都以直保公司为主。在保险产业链条上，前端主要由直保公司对接投保人及研发保险产品，再保险公司参与的环节相对靠后。传统模式的弊端是当创新产品出现时，再保险公司就可能未参与前期产品研发而不熟悉新产品的风险，从而影响再保险承保能力的投放。因此，再保险公司正从出借资本支持直保公司解决偿付能力的传统方式，向资本管理、风险管理的综合服务提供商转型。再保险公司从简单的资本与承保能力提供者向保险综合风险解决方案提供商转变。

目前，在人身险领域，再保险公司参与定期寿险、健康险共同开发设计较多；在财产险领域，再保险公司参与农业保险、天气指数保险以及巨灾保险市场较多。例如，慕再与多家互联网保险平台和直保公司合作开发出高额定期寿险并且对需要进行体检的客户提供免费上门体检服务，互联网平台与再保险走在台前，主动出击，这是再保险公司、直保公司以及互联网平台间的一种新型合作模式。在这种模式下，再保险公司不仅将风控前移至承保环节，而且直接参与到产品开发设计中，直再融合明显。在上述例子中，再保险公司发挥其全球承保理赔经验及其积累的行业数据的优势，深度参与保险产品设计及风险控制工作，互联网保险平台则主要发挥渠道优势，做大市场规模。从整体来看，再保直保化的趋势越来越明显，再保险市场的竞争形势以及再保险公司与直保公司的竞合关系也在发生着变化。

6.4.2　互联网技术带来颠覆性变革

（1）互联网技术的广泛应用极大拓展保险客户群。随着移动互联网大范围普及，互联网用户快速增加，截至 2017 年末，中国互联网用户规模达 7.72 亿人，手机网民 7.53 亿人，互联网普及率超过 50%。互联网金融可显著降低客户门槛，极大丰富保险金融机构的客户阶层，将过去不具有高额投保能力的客户纳入被保人群，许多中等偏下互联网用户将成为保险客户。

（2）互联网技术将有效扩展保险边界。互联网的知识、技术和制度创新，可极大地扩展传统金融的内涵和外延，改变保险行业边界条件，产生新的风险保障需求。比如，互联网带来的新生活方式蕴含新的风险，将派生出互联网经济参与各方新的保险保障需求，如网购退货险、盗刷险、拒签险等；又如，互联网技术将提升保险行业风险定价和管理能力，将以往难以承保或者无法承保的风险纳入承保范围。这些新风险出现，进一步拓展了保险与再保险的发展空间。

（3）互联网技术将显著优化保险产品服务。在产品方面，互联网社交平台将持续繁荣，为保险业更好地洞察客户需求提供便利，推进保险产品创新。比如，将出现通过自媒体开发众筹式保险产品的新模式，通过社交平台吸引具有相同保险需求的消费者，为这些客户统一协商保险条款、统一报价，客户可根据自身具体需求购买保险。又如，在信息交互背景下，消费者将更容易获得个性化和按需定制的产品。这种新的保险业态，客观上更需要再保险公司提供专业的技术服务支持。

（4）网络风险创造新市场。随着电脑系统和互联网应用呈现指数级增长，人们面临的网络风险急剧上升，对网络保险解决方案的需求持续增长。以美国为例，作为最大的网络保险市场，2017 年增长显著，直接保费收入 18 亿美元，同比增长 32%。预计到 2022 年，全球网络保险保费可达到 140 亿美元，具有广阔的发展空间。

网络风险（cyber risk）作为新型风险，与传统风险相比具有显著差异，一方面，网络风险具有易变性，承保经验数据不足。网络世界时刻变化，网络风险的历史数据很难起到对未来的预测作用，甚至历史损失数据背后反映的网络风险因为已经被技术修复而在未来不会再发生，而潜在的极端损失难以通过历史数据进行判断。另一方面，网络风险具有相关性，存在重大累积损失可能，不同于传统风险可以基于大数定律来进行风险分散，网络风险突破了地理上天然隔离限制，不同地区的电脑可能同一时间遭受同种病毒袭击，同一公司或机构的内部电脑具有相似的漏洞或缺陷。比如，2017 年病毒的（WannnaCry）短时间攻击了 150 个国家超过 20 万个系统，保险公司通过承保大量的风险标的难以有效分散风险，存在重大累计损失风险。

正是由于上述原因，网络风险定价缺少历史数据和量化网络风险的模型，瑞再、慕再等再保险主体均尝试不同的网络风险建模方法，包括确定情景分析和概率模型，以试图估计网络风险的潜在损失。目前，中国网络风险保障还处于空白，相信未来将会有很大的发展。

6.4.3　保险科技助力保险/再保险发展

回看过去的两个多世纪，在科技不断改变人们的生活时，不难发现，保险创新的身影也一直伴随着技术的成长。保险业的重塑和革新进程正同时受到来自保险科技和划时代技术发展等多方的影响。换言之，保险科技将会颠覆保险公司管理风险和客户的方法，而划时代技术的发展则会从根本上改变再保险公司需要面对的风险。

保险科技是指利用大数据、人工智能、区块链、物联网等新兴技术对传统保险业的更新和再造。进入 21 世纪以来，保险科技飞速发展，颠覆性地推动了国内外保险行业的销售渠道变革、消费场景创造，实现了保险业务的科技重构。保险科技涉足的领域包括客户交互、财富管理、数据分析、信息安全、健康管理、物联网等。

国际市场上众多保险创新模式正在逐步颠覆传统保险业：美国梅特里尔（Metromile）公司充分利用其在车联网技术、风险定价、互联网运营等领域的领先实践和经验积累，积极探索按里程计费的车险商业新模式，倡导绿色出行，为新一代消费群体提供更加优化的服务体验；美国的奥斯卡（OSCAR）公司利用互联网技术和远程医疗，重新设计健康保险，使其成为一种面向客户的全新体验，将低频的保单服务转变为客户的个人健康管理专家服务；德国的友情保险（Friendsurance）针对传统保险昂贵并且缺乏透明度，未出险无回报等问题，提出了具有革命性的 P2P（peer-to-peer）保险的概念，通过脸书（Facebook）、领英（Linkedin）等社交平台或自动匹配的方式构建互助保险关系，通过对保费的分割，设置不同的资金池，奖励那些每年年底没有出现索赔的小组成员，以此首创了全新的保险经营模式。

保险业"十三五"规划、新"国十条""一带一路"、供给侧结构性改革、国家区域经济发展战略等近年来出台的一系列政策，为行业的发展创造了前所未有的广阔空间。自 2012 年至 2017 年底，国内保险科技的创业公司成立 200 余家，其中包括互联网巨头百度、阿里巴巴、腾讯和京东等，保险科技行业发生的私募股权交易总金额超过 113 亿元。2017 年除去中国内地，全球其他国家和地区共有 217 家互联网保险或保险科技创业公司获得了投资，创业公司涉及的类型包括新型保险公司、第三方销售平台、创新险种和新技术应用等。

保险科技最直接的体现就是保险产品的创新，如车联网带来的车险定价个性化、基因检测技术使得寿险产品定制化等。原本的风险计算方式和产品定价原则在不断地消解和分化。以寿险产品来说，传统寿险产品的费率厘定基础是生命周期表，但保险科技时代，整体性的生命周期已经被个体化的生命特征所取代，风险精算需要更加细分和精准，各家寿险公司都在追求精准定价，例如在医疗保险中按照人群的既往病史和生活习惯实行浮动费率、差异化定价。不仅如此，当无人驾驶、区块链技术、人工智能等相关技术愈加成熟，其应用必将覆盖至消费者的各类生活场景，而消费者在感受新科技带来的便捷体验的同时，新技术所衍生的各类场景化的风险将成为消费者新的痛点，因此也必然会催生更多的场景化的保险产品。保险产品始终是为消费者的生活所服务，当消费者的生活方式随科技而升级时，保险产品也要通过保险科技来适应这样的升级。

国内人工智能、区块链、云计算等新兴技术的快速发展，也为保险业的创新突破提供了强大技术支撑。在科技保险时代，保险公司的险种都将进入到一个精准定制化时代。而对于这种"精准定制"来说，无论是销售环节还是制造环节，都需要"数据采集"这个前提条件，有理由相信未来的（再）保险公司都会对保险科技越来越重视。而对于再保险公司，由于其本身掌握的数据就比一般性保险公司更丰富，那么再保险公司在保险科技的加持下为客户定制产品将会是未来发展的必然选择。随着再保险行业数据累积量和数据质量的提高，未来再保险公司在"定制化"的道路上会越走越顺，产品定价的主动权也会越来越大。

　　要想创造出真正的价值，保险/再保险公司还要对各种创新模式进行整合。例如，比利时一家数据公司深迪斯（Sentiance）致力于将物联网传感器所捕捉到的数据转换成能反映人们行为习惯的分析术语。这些数据和分析可以帮助保险公司了解投保人的出行习惯，并预测相应的风险。硕易飞（Sureify）则是一家美国硅谷的创业公司，为保险公司和投保人提供了一个相互交流的平台。保险公司与这两家公司合作，Sentiance 对用户的行为数据进行了深度挖掘，Sureify 提供平台和用户，共同发掘出了高意向客户群体，为保险公司提供了高效营销的机会。再保险公司同样可以通过整合这些外部公司的资源来为自己创造价值，未来甚至可能会通过自建、控股、收购等方式涉足保险科技领域，将核心保险科技掌握在自己手中，运用保险科技不断推动保险/再保险创新，将数据的力量真正发挥出来。再保险创新并没有统一的入口，再保险公司和创业公司都可以凭借其特定优势制定战略计划。将保险科技作为完成其长期创新战略的重要手段，找到高速成长机会，引领保险行业下一个十年的发展。

6.5　促进再保险市场健康发展的对策建议

　　再保险市场是保险业发展到一定阶段的产物，社会越进步、经济越发展、保险越完善，再保险就越重要。特别是在与关系国计民生与国家治理现代化体系建设的重要领域，可保范围的扩展与保险业功能发挥，更是离不开一个功能完善的再保险市场支持。新"国十条"实施以来，中国再保险市场建设取得了显著进步，主体不断丰富、保费规模稳步提升、社会保障效益逐步显现。目前已经形成了一家再保险集团、5 家中资专业再保险公司、6 家外资再保险分支机构以及 200 多家境外再保险机构的市场主体格局。但与国外发达再保险市场相比，与新时代全面深化改革开放对保险业的新要求相比，中国再保险市场无论是供给能力、需求行为还是制度建设等方面，还存在较大差距，如对巨灾风险覆盖不足、比例合约业务占比过高、高水平再保险人才缺乏等。中国再保险市场仍然处于发展的起步阶段，需要再保险市场各参与方共同努力，加快再保险市场建设进程，提升我国再保险市场的服务能力与国际竞争力。

一是建立符合再保险商业特征的监管制度体系，为再保险市场建设提供制度基础和政策保障。长期以来，我国针对再保险市场的监管制度建设相对匮乏。现有监管体系主要由《保险法》、关于再保险公司设立和再保险业务管理的部门规章、关于再保险业务的规范性文件等组成。除了2002年颁布的《再保险公司设立规定》外，没有专门针对再保险公司的监管规则，其他相关规定更多是从直接保险公司的再保险分出业务角度进行的规定。关于再保险公司日常经营管理的系列监管规定，如偿付能力管理、准备金管理等，都按照直接保险公司进行。正如前文表述，再保险具有独特的功能和商业特征，其运行模式、定价机制、损失分布等，都和直保公司存在较大差异。在"偿二代"规则下，再保险公司计算风险资本占用，不是按照再保险合约维度进行，而是参照直保公司规定把合约分解后按险种计量，对于以一揽子合约业务为主的再保险公司而言，这种计量方法就忽视了合约的重要条款约定，如浮动手续费条款，容易偏离再保险合约的商业特征。再保险业务与财产险业务、人身险业务一样，是一种独立的保险业务形态，缺乏专业领域的监管政策体系，对于再保险市场主体建设、业务创新以及风险防范都将产生制约作用。建议加快再保险市场的制度建设进程，针对专业再保险公司制定相应监管政策，为我国再保险市场改革发展创造制度条件。

二是完善再保险相关的财政税收与外汇管理制度，为行业发展提供必要的政策支持。再保险是保险的保险，是机构间的批发型业务，既具有天然的国际化属性，又有一定的社会公益属性。但我国现有税务征管体系对再保险业务针对性和适应性不强，加大了行业的经营负担。如针对再保险保费收入的增值税附加，使再保险行业在税改后直接增加了0.72%的税负成本。再如，针对国际业务的免税规定，"境内保险公司向境外保险公司提供的完全在境外消费的再保险服务，免征增值税"，在实际经营中，国际再保险分入业务在国内市场进行再转分情况较为普遍，境内再转分时就会产生税收，但是这个转分并未改变"完全在境外消费的再保险服务"这一根本属性。还有，在发票管理环节，对发票版面、领用数量按照一般工商企业和直接保险公司管理，很难适应再保险业务金额大、合同数量多的现状。此外，由于再保险国际业务较多，对于因国际业务拓展而带来的收入以及对外赔付上，外汇管理较为严格，对于再保险公司提升国际业务收入的资金使用效率带来了一定制约作用。

三是加强市场准入退出管理，合理控制市场主体数量，规范市场竞争行为。长期以来，再保险市场具有通过价格传导机制纠正直保市场定价行为的作用，从而能够在一定程度上防范市场定价风险，这是市场机制内在纠偏功能的体现。由于再保险市场本身处于保险产业链最顶端，一旦因为再保险市场本身的过度竞争而出现对保险公司的偿付能力危机，就可能产生一系列连锁反应。这也是为何全球保险公司数量数以万计，而再保险公司仅有数百家，活跃再保险公司仅有四五十家，这本身就是再保险市场长期发展的选择结果。为此，我国加快再保险市场发展，丰富再保险主体是一个必要手段，但是也要加强行业准入、退出以及市场行为监管，避免再保险主体发展过多、过快，超过市场的合理容量。关于再保险市场的最优容量估计，有一个再保险的平方根原则，根据这一原则，一个成熟的保险市场上专业再保险公司的数量约等于直接保险公司数量的平方根①。在这样一个再保险专业主体数量水平上，既能保证充分的完全竞争需要，又能够避免过度竞争对行业发展带来潜在利益损耗。据此，按照 2018 年三季度数据，我国有各类营业保险公司 179 家，对应的专业再保险公司最优需求约为 13 家。国内再保险市场已有 11 家专业主体，连同已经获准筹建的韩国再保险公司，国内再保险专业主体将达到 12 家，基本能够适应我国再保险市场发展对专业主体的数量需求。

四是加强行业数据建设与信息披露管理。数据积累是再保险行业的天然优势。我国保险业新"国十条"以及《中国保险业发展"十三五"规划纲要》，在加快建设再保险市场方面，均明确提出"支持再保险公司参与行业数据平台、灾害管理、风险管理服务体系等基础设施建设，推动行业数据经验分析"。为此，一方面应尽快建立行业规范的数据标准与统计口径，进一步增强分出公司在数据提供方面的诚信行为与数据质量要求，为专业公司逐步建立起适合中国市场实际的巨灾风险数据模型创造基础条件。另

① Powers M R and Shubik M. 2001, "Toward a Theory of Reinsurance and Retrocession", *Insurance: Mathematics and Economics*, 29, 2, 271-290。该文提出了保险市场上的再保险公司数目存在最优计算方程，利用价格—信息机制，推导出在长期均衡的保险市场中存在一个最优的再保险公司数量。对经合组织保险市场数据研究显示，这些市场再保险公司数量基本符合模型结果，再保险市场处于相对稳定的均衡状态。

一方面，加强和规范信息披露管理，增强再保险经营的透明度，为再保险公司各利益相关方科学决策提供必要的信息与数据，引导各方对再保险功能的理性认知。

五是加快再保险专业人才队伍建设。再保险被誉为保险业的"投资银行"，是典型的知识密集型行业。再保险公司涉及的业务具有很强的专业性，因此其专业人员能力以及要求普遍高于直接保险公司，特别是在合约条款设计、产品开发、核保、精算定价、风控等方面。目前中国再保险行业产品和技术创新能力弱，根本上还是专业人才匮乏，不能满足对再保险产品和服务多样化的需求。高精尖、高风险、新型业务在国内难以获得充足的再保险支持，如巨灾保险、健康保险、医疗保险以及责任险等，定价多数都依靠国际再保险公司；即使境内展业的外资再保险公司分支机构，更多是作为销售终端存在，风险模型、精算定价等核心技术都掌握在其亚太总部甚至公司总部核心部门。再保险人才的培育和积累是个长期过程，要发挥中国保险市场潜力优势，加强国际交流与合作培养，坚持引进与培养相结合，稳步提升中国再保险市场人才数量。

"新时代"环境下，中国进入转型发展变革期，随着新一轮全面深化改革与国民经济高质量发展的深入推进，再保险新的风险保障需求不断涌现，为再保险发展提供了广阔的空间，民族再保险公司将大有作为。同时，国际再保险市场从周期底部逐步回暖，也为中国再保险行业改革发展与提高开放水平提供了良好的国际环境。中国作为全球保险市场的最大增长来源，至少未来 10 年仍是新兴市场中对全球保险市场贡献最大的国家。中国再保险市场也将成为国际再保险市场未来发展的"希望之光"。

良好的外部环境为中国再保险市场发展提供了有力的支持。我国民族再保险公司应充分把握发展机遇，树立全局意识和全球视野，充分借鉴国际再保险商业模式的成功实践，尊重行业规律，顺应发展趋势，强化供给引导，加快创新发展，在风险识别、风险定价、风险管理等方面提升专业技能，不仅要在规模上做大，更要在品质上做强，为中国再保险市场的改革发展，为"提升我国在全球再保险市场的定价权、话语权"担负起义不容辞的历史使命。

附录：境内再保险公司保费收入

（单位：亿元人民币）

公司名称	2015 年	2016 年	2017 年	2018 年 1—9 月
中再寿	228.6	316.5	442.1	473.6
中再财	296.3	217.9	231.7	207.5
瑞士再	166.5	163.3	97.9	85.3
慕尼黑再	124.4	123.8	89.8	80.0
汉诺威再	169.9	57.4	60.3	71.5
前海再			39.9	47.4
法国再	51.5	45.8	47.9	45.6
人保再			32.2	39.2
太平再	18.4	20.6	30.4	36.6
通用再	10.1	12.8	18.9	23.5
美国再	0.5	1.8	6.0	7.8
合计	1066.3	979.7	1097.03	1118.6
外资份额	49%	43%	29.2%	28%

注：外资公司为其在华分支机构。人保再、前海再 2017 年正式开业运营；太平再为 2016 年太平再分公司改制而成的太平再保险公司（中国），2017 年是其改制成法人机构后的第一个完整营业年度。

参考文献

[1] 曹艳. 中国再保险市场供给与需求实证研究[D]. 乌鲁木齐：新疆财经大学，2013.

[2] 陈春萍，罗龙林. "一带一路"与保险业发展[J]. 中国金融，2017.

[3] 陈华，丁宇刚. 保险公司资本结构、业务集中度与再保险需求研究[J]. 现代财经（天津财经大学学报），2016.

[4] 陈亮. 上海自贸区金融监管创新及其对前海自贸区的启示[J]. 经济论坛，2017.

[5] 陈中. 改进和提升保险服务实体经济能力[J]. 证券时报，2013.

[6] 戴凤举. 中国再保险市场发展与风险管理[J]. 金融家论坛，2004.

[7] 党喆. 我国再保险市场发展研究[J]. 管理世界，2007.

[8] 方志远. 商业模式创新战略[M]. 北京：清华大学出版社，2014.

[9] 官兵，邢云飞. 再保险行业的区块链技术应用研究与展望[J]. 清华金融评论，2018.

[10] 官兵. 全球再保险市场结构的对比分析[J]. 保险研究，2008.

[11] 郝演苏. 中国再保险市场步入快车道[J]. 金融时报，2016.

[12] 何颖璇. "偿二代"规则对中国再保险（集团）的影响[J]. 合作经济与科技，2015.

[13] 吉润东. 建设中国再保险中心——匹配供给需求、降低交易成本[J]. 中国保险，2016.

[14] 贾若. 进一步推动再保险市场的全球化[N]. 中国保险报，2018.

[15] 李培育. 再保险的国际化战略[J]. 中国金融，2011.

[16] 李佩，靳永辉. 我国保险行业发展态势、困境与路径探寻——基于"一带一路"视野的战略分析[J]. 技术经济与管理研究，2017.

[17] 李艳虹. 浅析外资再保险公司涌入对中国再保险市场的影响[J]. 中国

保险研究，2013.

[18] 李照光，吴先明. 中国再保险企业国际竞争动态能力研究[J]. 北京联合大学学报（人文社会科学版），2017.

[19] 林行. 我国再保险业发展路径与选择[J]. 财政金融，2010.

[20] 林琳. 我国再保险市场供需现状分析与对策研究[J]. 上海保险，2014.

[21] 林琳. 再保险和风险证券化的巨灾风险管理功能比较[J]. 中国保险，2015.

[22] 林颖. 我国再保险业的发展对策研究[D]. 福州：福州大学，2014.

[23] 刘洋. 再保险中心发展研究[J]. 经济问题，2017.

[24] 龙文. 从国际比较的视角看中国再保险市场发展前景[A]. 中国管理现代化研究会. 第四届（2009）中国管理学年会——金融分会场论文集[C]. 中国管理现代化研究会：中国管理现代化研究会，2009.

[25] 罗世瑞. 再保险监管问题研究[M]. 上海：上海三联书店，2006.

[26] Luca P. Marighetti. 保险和再保险行业的科技转型[J]. 清华金融评论，2017.

[27] 孟瑶. 完善中国再保险市场的建议[J]. 当代经济，2015.

[28] 彭晓博. 构建我国再保险市场的途径[J]. 中国保险，2009.

[29] 钱林浩. 外资入场步伐加快 再保险市场受青睐[J]. 中国外资，2018.

[30] 秦艳. 中国再保险业市场发展特点研究[J]. 现代商业，2012.

[31] 邱波. 金融化趋势下的中国再保险产品发展研究[M]. 北京：经济科学出版社，2010.

[32] 邱七星. 我国再保险市场发展研究[D]. 厦门：厦门大学，2008.

[33] 任杰. 从慕再战略发展变化看中国保险集团再保业务发展[J]. 上海保险，2017.

[34] 瑞士再保险：2016 全球保险业实现保费收入增长总体发展前景依然良好[J]. 上海保险，2017.

[35] 商志远. 商业模式创新战略[M]. 北京：清华大学出版社，2014.

[36] 邵建军. 国际再保险业战略发展模式及其对我国的借鉴[J]. 保险研究，2009.

[37] 石雨. 中外资再保险公司实力有别[J]. 中国外资，2018.

[38] 史鑫蕊. 国际知名再保险企业的核心竞争力分析[J]. 中国保险，2016.

[39] 史鑫蕊. 中国再保险市场的竞争态势及发展策略[J]. 保险研究，2012.

[40] 史鑫蕊. 中国再保险市场竞争态势及前景展望[J]. 中国保险，2015.

[41] 孙骁，徐建培，周尚坤，等. 浅析我国再保险市场发展现状及对策[J]. 中国证券期货，2010.

[42] 孙晓，王君彩，周尚坤. 我国再保险市场发展现状及对策[J]. 现代商业，2015.

[43] 孙永华，张洪涛. "营改增"对再保险市场税负均衡性的影响[J]. 中国保险，2017.

[44] 唐金成，王演艺. 后金融危机时代中国再保险业竞争力研究[J]. 保险市场，2013.

[45] 陶石磊. 中国中小型财产保险公司再保险分出安排对经营影响的实证研究[J]. 保险职业学院学报，2016.

[46] 王国军. 再保险:产业链顶端的风险运作[J]. 中国保险，2015.

[47] 王国言. 再保险在支持实体经济中应服务前移[N]. 中国保险报，2016.

[48] 王韩郡. 基于中国偿二代的再保险业偿付能力监管研究[D]. 昆明：云南财经大学，2018.

[49] 王嘉冬. 基于我国保险行业现状剖析我国再保险公司发展前景[J]. 经贸实践，2017.

[50] 王开. 中国再保险市场发展研究[J]. 市场营销，2017.

[51] 王旭晖. 基于财产保险公司的最优再保险方案设计研究[D]. 北京：对外经济贸易大学，2017.

[52] 王旭晖. 论中国再保险市场的机遇与挑战[J]. 现代营销，2016.

[53] 武南君. 中外再保险的比较[J]. 时代金融，2012.

[54] 项宇，谢志刚. 中国再保险市场供求状况分析[J]. 财经研究，2000.

[55] 熊志国. 中国再保险市场的发展与监管[M]. 北京：中国财政经济出版社，2014.

[56] 徐美芳. 上海自贸区金融制度创新和溢出效应——以航运保险为例[J]. 检察风云，2016.

[57] 徐英. 国内自保市场与再保险市场共同发展研究[J]. 保险研究，2012.

[58] 徐颖婕. 我国再保险公司财务风险管理研究[D]. 上海：东华大学，2017.

[59] 许闲，陈卓苗. 我国非寿险公司再保险与资本结构研究[J]. 保险研究，2013.

[60] 许闲. "一带一路"防灾减灾合作:挑战与应对[J]. 国际问题研究，2017.

[61] 闫凯悦，李洪. 我国财险公司再保险安排的影响因素分析——基于面板数据模型的实证研究[J]. 保险职业学院学报，2018.

[62] 杨琳，彦风晶，韩丽萍. 简析我国再保险市场发展存在的问题及对策[J]. 边疆经济与文化，2016.

[63] 袁宸. 再保险市场供需的现状分析[D]. 郑州：河南大学，2009.

[64] 袁成. "一带一路"倡议下我国保险国际化的形势分析[J]. 保险理论与实践，2017.

[65] 袁临江. 中国再保险护航"一带一路" 助力构建人类命运共同体[N]. 中国保险报，2017.

[66] 张开. 影响财险公司再保险意愿的因素分析——基于 Logit 选择模型[J]. 上海保险，2015.

[67] 张明. 中国再保险公司效率实证分析[J]. 区域金融研究，2013.

[68] 张强. 再保险发展相关机遇[J]. 西部皮革，2016.

[69] 张伟楠. 保险资金服务实体经济稳步前行[N]. 中国保险报，2016.

[70] 张艳萍. 宁波区域性再保险中心建设的策略研究[J]. 浙江万里学院学报，2018.

[71] 张鱼燕. 中国再保险供给市场结构实证研究[D]. 上海：复旦大学，2008.

[72] 赵雅聪. 从国际比较视角看我国中再集团战略发展[J]. 上海保险，2018.

[73] 赵宇龙，赵立戎. 偿二代中的再保险:新格局、新定位、新标准[J]. 中国保险，2016.

[74] 赵彧. 我国再保险市场的供需关系探析[J]. 保险研究，2008.

[75] 郅濡瑜，胡锦. 外资再保险公司涌入对我国再保险市场的冲击及对策建议[J]. 经营管理者，2014.

[76] 朱艺. 再保险业的转型、发展和监管[J]. 中国金融，2011.

[77] 祝向军. 再保险市场供求的理论与实证分析[J]. 南开经济研究，2002.

[78] 卓志，朱衡. 保险业系统性风险研究前沿与动态[J]. 经济学动态，2017.

[79] 左惠强. 新加坡再保险市场情况[N]. 中国保险报，2016.

[80] Ajay Subramanian, Wang Jinjing. Reinsurance versus securitization of catastrophe risk[J]. Insurance Mathematics and Economics, 2018.

[81] Aon Benfield. Non-Marine treaties post renewal benchmarking[R]. 2017.

[82] Aon Benfield. Reinsurance market outlook[R]. 2017.

[83] Biener Christian, Eling Martin, Jia Ruo. The structure of the global reinsurance market: An analysis of efficiency, scale, and scope[J]. Journal of Banking and Finance, 2017.

[84] Bozhenko Andriy S. Analysis of the reinsurance market situation under conditions of volatility of the world economy[J]. Research Centre of Industrial Problems of Development of NAS of Ukraine, 2013.

[85] Prokofjeva E. The features of the world reinsurance market[J]. Kyiv University, 2014.

[86] Jane M Weiss. Reinsurance accounting under SFAS No. 113: An empirical examination of its value-relevance[J]. Research in Accounting Regulation, 2007.

[87] Jarzabkowski Paula, Bednarek Rebecca. Toward a social practice theory of relational competing[J]. Strategic Management Journal, 2018.

[88] Jung Jeah, Feldman Roger. Growing reinsurance payments weaken competitive bidding in medicare part D.[J]. Health Services Research, 2018.

[89] Kuzmenko Olha. Methodological principles and formalization of the stability achi[J]. Economic Annals, 2014.

[90] Maria S Davydova. The Concept of creating a national reinsurance company[J]. Financial University under the Government of Russian Federation, 2017.

[91] OA Altenburger. Reinsurance from the viewpoint of institutional economics[J]. Insurance Mathematics and Economics, 1998.

[92] Powers M R, Shubik M. Toward a theory of reinsurance and retrocession[J]. Insurance Mathematics and Economics, 2001.

[93] Ron Adiel. Reinsurance and the management of regulatory ratios and taxes in the property—casualty insurance industry[J]. Journal of Accounting and

Economics, 1996.

[94] Sun Tao. Essays on the applications of network analysis to the reinsurance market[J]. Dissertation Abstracts International, 2015.

[95] Swiss Re Institute. World insurance in 2017: solid, but mature life markets weigh on growth[J]. Sigma, 2018.

[96] W Hürlimann. Links between premium principles and reinsurance[J]. Insurance Mathematics and Economics, 1995.

[97] Willis Re. Reinsurance market report[R]. 2018.

[98] Xin Zhang, Tak Kuen Siu. Optimal investment and reinsurance of an insurer with model uncertainty[J]. Insurance Mathematics and Economics, 2009.

[99] Yichun Chi, X Sheldon Lin, Ken Seng Tan. Optimal reinsurance under the risk-adjusted value of an insurer's liability and an economic reinsurance premium principle[J]. North American Actuarial Journal, 2017.

后 记

《再保险商业逻辑与创新》即将付梓，本书以创新的研究视角、科学的研究方法、丰厚的数据基础，对中外再保险市场的商业特征进行比较，在案例剖析和统计分析的基础上，较为系统地对国际国内专业再保险公司的商业模式进行了初步探索，并对中外再保险公司商业模式以及价值创造的差异进行了分析。从再保险在保险产业链上的定位和功能出发，站在全球再保险市场竞争格局的角度，从再保险的运作机制、功能定位、商业特征、商业模式、供求特征等多个维度，对中国再保险市场进行了深入探索与研究，希望对中国再保险市场建设、对民族再保险公司改革发展提供借鉴。

尽管再保险市场对保险业转型发展与国际竞争力提升具有重要作用，但再保险无论是在规模上还是在客户群上都属于一个小众市场，对再保险商业模式进行专题研究在业界和学界尚属首次。研究推进过程中，我们面临数据与资料匮乏的窘境，很多材料都需要从最原始的资料中去整理、挖掘，部分关键数据分析指标都需要从实践中提炼、设计、定义并进行原始数据整理。为此，特别感谢南开大学金融学院保险系邵全权教授、朱蕊、费清、沈芳、李立达、郭逸尘、马雪纯、柳樱花、郭梦盈、管苗秀的辛勤付出；感谢人保再保险公司牛凯龙、焦健、徐进、班颖杰、崔永普，以及慕尼黑再保险北京分公司贾轶林、新加坡再保险有限公司崔巍、亚洲资本再保险公司姚建中、渤海财险天津分公司王玥、瑞士再保险公司俞廷俊、佳达保险经纪（北京）有限公司邢小雪等业内专家，在本书写作过程中给出的宝贵建议。

受限于作者的认识水平与资料数据，书中的一些观点难免存在不足之处。我们也真诚希望广大读者提出建设性意见和建议。

作　者

2019 年 4 月